buch + digital

Zusätzlich zu diesem Buch erhalten Sie:

- die Web-App
- die PDF-Version zum Download
- die App für Ihr iPad
- alle Kapitel für Ihren Kindle

Hier Ihr individueller Freischaltcode:

8C2-V9R-L7n

Um die digitalen Medien zu installieren, rufen Sie im Browser bitte folgende Seite auf:
www.symposion.de/freischaltcode

Open Innovation in der Praxis

Erfahrungen, Fallbeispiele, Erfolgsmethoden

www.symposion.de

Herausgegeben von
SERHAN ILI, MATTHIAS SCHMÖLDERS

Mit Beiträgen von
HEINRICH ARNOLD, EVA BROCKHAUS, LEON VAN DIJK, MARTIN EDER,
SEBASTIAN EIDAM, EDGAR ENDLEIN, ELLEN ENKEL, MARKUS ERNST,
ANDRÉ GRÖSSER, SEBASTIAN HEIL, SERHAN ILI, INES KÄHSMAYER,
CHRISTIAN KÖRBER, HENNING KÜLL, KLAUS KURZ, WOLFGANG LANGHOFF,
DOMINIK MAJID, CONSTANTIN MENSE, MARTIN NEUMANN, MIRKO REUTER,
ANDREAS RIEL, ALEXANDER SCHILFF, MATTHIAS SCHMÖLDERS, CHRISTIANE STARK

symposion

Impressum
Open Innovation in der Praxis
Erfahrungen, Fallbeispiele,
Erfolgsmethoden

Herausgeber
SERHAN ILI, MATTHIAS SCHMÖLDERS

Lektorat
STEFAN THISSEN,
Symposion Publishing

Satz
MARTINA THORENZ,
KAREN FLEMING,
Symposion Publishing

Druck
CPI buch bücher.de
Frensdorf

Umschlaggestaltung
Symposion Publishing

Photo
© chones – Fotolia.com

ISBN 978-3-86329-646-9
© Symposion Publishing GmbH,
1. Auflage 2014
Düsseldorf
Printed in Germany

Redaktionelle Post bitte an
Symposion Publishing GmbH
Münsterstr. 304
40470 Düsseldorf

Bibliografische Information der Deutschen Bibliothek:
Die Deutsche Bibliothek verzeichnet diese Publikation
in der Deutschen Nationalbibliografie; detaillierte
bibliografische Daten sind im Internet über
http://www.ddb.de abrufbar.

MIX
Papier aus verantwor-
tungsvollen Quellen
FSC® C003147
FSC
www.fsc.org

Open Innovation in der Praxis
Erfahrungen, Fallbeispiele, Erfolgsmethoden

Innovationen sind ein zentraler Aspekt langfristigen Wachstums. Das betrifft die Entwicklung neuer Geschäftsmodelle, Prozesse und Produkte gleichermaßen. Immer mehr Unternehmen erkennen dabei, dass Innovationen nicht allein aus der eigenen F&E-Abteilung kommen müssen. Der Schlüssel zum Erfolg liegt zunehmend in der optimalen Identifikation und Nutzung externer Wissensquellen und Kooperationspartner.

In jedem Unternehmen sieht die Umsetzung von Open Innovation anders aus. Doch aus den dabei gesammelten Praxiserfahrungen lassen sich wichtige Grundlagen und nützliche Handlungsempfehlungen ableiten. Die Autoren dieses Buches, allesamt versiert im Innovationsmanagement namhafter Unternehmen und Institutionen, haben ihre Erfahrungen und Erkenntnisse zusammengetragen, um aufzuzeigen, wie der Einsatz von Open Innovation gelingt.

Beleuchtet werden dabei unter anderem folgende Themen:
⇨ Innovationsansätze und Organisationsstrategien für Industry Disruptions
⇨ Erfolgsfaktoren für die Generierung und Auswahl von Ideen
⇨ Marktorientierte Anwendung der Technologie-Roadmap
⇨ Open Innovation in Chemie, Automobil, Informationstechnik, Hochtechnologie
⇨ Branchenübergreifende Zusammenarbeit in Innovationsökosystemen
⇨ New Business Development in der Frühphase des Innovationsprozesses

Mit diesem Buch erhalten Innovationsmanager, Entscheidungsträger und Interessierte einen wertvollen Einblick, wie Open Innovation gegenwärtig angewendet wird und welche Faktoren, Konzepte und Methoden dabei zum Erfolg führen.

Über Symposion Publishing

Symposion Publishing ist ein Verlag für Management-Wissen und veröffentlicht Fachbücher und digitale Medien. Für die meisten Bücher gilt:
Symposion-Buchkunden erhalten – ohne Aufpreis – auch die digitale Ausgabe für PC, MAC, iPad & andere Geräte.

www.symposion.de

Open Innovation in der Praxis
Erfahrungen, Fallbeispiele, Erfolgsmethoden

Prozessinnovation

Produktinnovation

Geschäftsmodell-Innovation

Herausgeber und Autoren

Herausgeber

SERHAN ILI
ist Wirtschafts-Ingenieur und promovierter Ingenieur. Er ist Geschäftsführer und Inhaber der Innovationsberatung ILI CONSULTING und berät Unternehmen in allen Fragen rund um das Thema Innovation. Er ist Experte für Innovationsstrategien, Optimierung und Öffnung von Innovationsprozessen, Einführung und Umsetzung eines Innovationsmanagements, Steigerung der Innovationsproduktivität sowie Entwicklung und Generierung von Geschäftsmodellinnovation. Er publiziert regelmäßig zu aktuellen Innovations-Themen und hat bereits mehrere Bücher u. a. zu »Open Innovation« und »Innovation Excellence« herausgegeben.

MATTHIAS SCHMÖLDERS
ist Dipl.-Ing. der RWTH Aachen. Als Berater bei ILI CONSULTING gestaltet er wachstumsorientierte Top-Management-Innovationsprojekte in Automotive, Chemie, Pharma und Telekommunikation. Er ist Experte für Geschäftsmodellinnovationen und Technologietransfer. Herr Schmölders betreut zudem das Technology Scouting Office Silicon Valley.

Autoren

HEINRICH ARNOLD
Dr. Heinrich Arnold ist Senior Vice President und Leiter Konzernforschung und Innovation der Deutschen Telekom AG. Er leitet die Telekom Innovation Laboratories (T-Labs) in Israel, Silicon Valley und Berlin. Das sogenannte »10*10 Programm« zur Gründung neuer Geschäfte wurde unter seiner Führung ins Leben gerufen und brachte neue Unternehmen wie Motion Logic, SoundCall und Benocs hervor. Nach seinem Ingenieurstudium in Stanford und der Promotion in Technologiemanagement in München arbeitete er für die internationale Unternehmensberatung Mercer Management Consulting und als Mitglied der Geschäftsleitung des deutsch-chinesischen Forschungsunternehmens Bicoll Group. Er ist Vorstandsmitglied des Münchner Kreises und gehört zu den Young Global Leadern der Quandt Foundation.

EVA BROCKHAUS
hat ihren Bachelorabschluss 2010 in Chemie an der Westfälischen-Wilhelms Universität abgeschlossen. Im Jahr 2012 hat sie ihren Master in Wirtschaftschemie mit dem Fokus auf organischer und analytischer Chemie absolviert. Ihre Masterarbeit hat sie in Kooperation mit der Ticona GmbH in Frankfurt über das Thema »Open Innovation tools in the chemical industry: Analysis of applicability and acceptance« geschrieben. Anschließend machte sie ein Praktikum bei der Merck KGaA im Technologie Office in Darmstadt. Seit September 2013 arbeitet Sie beim Projektträger Jülich am Forschungszentrum Jülich für die Nationale Kontaktstelle Werkstoffe.

LEON VAN DIJK
Für Leon van Dijk spielen Unternehmertum, Produktentwicklung und Innovationen eine zentrale Rolle. Er studierte ab 2005 Produktentwicklung in den Niederlanden und sammelte daneben erste Berufserfahrungen bei Philips. Sein 2010 begonnenes Masterstudium »Globales Innovationsmanagement« in Schottland und Deutschland schloss er 2012 mit einer Abschlussarbeit bei der Firma Xsens zum Thema »Strategische Entwicklung Neue Geschäftsfelder« ab. Schon während des Studiums gründete er 2008 eine Personalvermittlungsfirma für technische Studenten, die er nach vier erfolgreichen Jahren an ein internationales Großunternehmen verkaufte. Seit 2013 ist Leon van Dijk als Technologie- und Innovationsmanager bei Klüber Lubrication (Freudenberg Gruppe) tätig.

MARTIN EDER
Mag. Martin Eder, M.Sc. ist Vice President bei Kapsch Group, wo er den Bereich Innovation global verantwortet. Vor seinem Wechsel zu Kapsch war er in leitenden Sales-, Marketing-, Business-Development- und F&E-Positionen in multinationalen Organisationen der ICT-Branche tätig. Er hat einen Abschluss in VWL und Sozialwissenschaften von der WU Wien und einen Abschluss in Applied Sciences & Engineering vom Massachusetts Institute of Technologies und der Katholieke Universiteit Leuven. Martin Eder ist in verschiedenen Aufsichts- und Expertengremien tätig, unterrichtet Entrepreneurship und Innovation an der Wirtschaftsuniversität Wien sowie der FH Wien am Institut für Unternehmensführung und erhielt 2008 den »European Best Innovator Award«.

SEBASTIAN EIDAM
studierte Diplom-Wirtschaftschemie an der WWU Münster. Seit 2012 forscht er an der WWU Münster am Institut für betriebswirtschaftliches Management im Fachbereich Chemie und Pharmazie als wissenschaftlicher Mitarbeiter. Seine Forschungsgebiete umfassen die empirische Analyse der Anwendung von Open Innovation Werkzeugen in der chemischen und pharmazeutischen Industrie. Speziell richtet sich sein Fokus hierbei auf die Stakeholder-Integration in der späten Entwicklungsphase von Produkt- oder Prozessinnovationen.

EDGAR ENDLEIN
Dr. Edgar Endlein ist Leiter Produktentwicklung »Consumer Products« bei der Firma Werner & Mertz GmbH, Mainz. Herr Endlein ist Diplom-Chemiker und hat an der Justus-Liebig-Universität Gießen in Organischer Chemie promoviert. Er hat annähernd 25 Jahre Erfahrung in verschiedenen Führungspositionen sowohl in der internationalen Konsumgüter- als auch in der Chemischen Industrie. Seit mehr als 30 Jahren ist er Mitglied in der Gesellschaft Deutscher Chemiker (GDCh), aktiv im Vorstand der Fachgruppe Chemie des Waschens. Weitere Mitgliedschaften in wissenschaftlichen Vereinen: Deutsche Gesellschaft für Wissenschaftliche und Angewandte Kosmetik (DGK), Deutsche Gesellschaft der Parfümeure (DGP). Ferner war Dr. Endlein 4 Jahre 1. Vorsitzender der DGP (2001-2005) und Mitglied des wissenschaftlichen Beirats (2006-2007). Er trägt die Goldene Ehrennadel der SEPAWA (2005). Ehrenamtliche Lehrtätigkeit an der Hochschule Ostwestfalen-Lippe (2003-2006), außerdem Mentor im Ada Lovelace Programm für Nachwuchswissenschaftlerinnen in MINT-Fächern an der Johannes Gutenberg-Universität Mainz. Diverse Patente, Veröffentlichungen und wissenschaftliche Vorträge.

ELLEN ENKEL
Prof. Dr. Ellen Enkel ist Leiterin des Dr. Manfred Bischoff Instituts für Innovations-

management der Airbus Group an der Zeppelin Universität Friedrichshafen. Außerdem ist sie Editorin des R&D Management Journal, eines der international führenden Fachzeitschriften im Innovationsmanagement. Ihre anwendungsorientierte Forschung fokussiert auf Open- und Cross-Industry-Innovationen, Geschäftsmodellinnovationen und Innovationscontrolling. Ellen Enkel zählt zu den meistzitierten Wissenschaftlerinnen im Bereich der Open Innovation und arbeitet mit führenden Unternehmen wie der BASF, BMW, Bosch, Henkel, SAP, OSRAM und Airbus an der Optimierung ihres Technologie- und Innovationsmanagements.

MARKUS ERNST
Dr. Markus Ernst arbeitet im Advanced Engineering der LEONI Bordnetz-Systeme GmbH. Zuvor studierte er Wirtschaftsingenieurwesen und promovierte anschließend an der Friedrich-Alexander-Universität Erlangen-Nürnberg. Die Schwerpunkte seiner Tätigkeiten liegen im Bereich Technologie- und Innovationsmanagement.

ANDRÉ GRÖSSER
Dr. Andre Größer studierte Wirtschaftsingenieurwesen und promovierte in Paderborn im Bereich Innovationsmanagement. Erfahrungen im Umgang mit Innovationen konnte er bei der Visteon Deutschland GmbH, der Leica Camera AG sowie als Strategieberater bei Großkonzernen und mittelständischen Unternehmen in internationalem Umfeld sammeln. Seit 2011 ist er Senior Innovation Manager bei der MAN Truck & Bus AG, wo er die Generierung und Umsetzung von Innovationen für Busse, Lkws und Transportdienstleistungen koordiniert. Nebenbei ist er Dozent am Lehrstuhl Wirtschaftsingenieurwesen an der Hochschule München.

SEBASTIAN HEIL
Dipl.-Kfm. Sebastian Heil ist wissenschaftlicher Mitarbeiter und Doktorand am Dr.

Manfred Bischoff Institut für Innovationsmanagement der Airbus Group an der Zeppelin Universität Friedrichshafen. Seine Forschung fokussiert auf Cross-Industry-Innovationen und Geschäftsmodellinnovationen. Hierin untersucht er die Voraussetzungen und Auswirkungen kollaborativer Innovation über etablierte Branchengrenzen hinweg. Sebastian Heil hat bereits wissenschaftliche Artikel in internationalen Fachzeitschriften und Buchbeiträge publiziert und verfügt über vielfältige Industrieerfahrungen durch die Zusammenarbeit mit führenden Unternehmen aus der Industrie und dem Dienstleistungsbereich.

INES KÄHSMAYER,
die als Background ein technisches Studium kombiniert mit Wirtschaft und Management aufweisen kann, ist aktuell bei Magna Interiors global für das Thema Innovation verantwortlich. Sie ist seit ihrer Diplomarbeit im Jahre 2003 im Magna-Konzern tätig, wobei sie in der Vergangenheit vor allem bei Magna International für den Aufbau und die Etablierung eines globalen, Magna-gruppenübergreifenden Innovationsprogrammes sowie einer Innovationsplattform zuständig war.

CHRISTIAN KÖRBER
Dr. Christian Koerber ist Leiter des New Business Development bei TRUMPF. Nach dem Studium der Fertigungstechnik an der RWTH Aachen und einer parallelen Ausbildung zum Schweißfachingenieur an der SLV Duisburg war er zunächst Wissenschaftlicher Mitarbeiter am Fraunhofer Institut Lasertechnik in Aachen, nachfolgend Projektleiter bei der Coopération Laser Franco-Allemande in Paris. Es folgten verschiedene Führungsfunktionen im Bereich Produktions- und Werksplanung bei der agiplan AG in Mülheim sowie eine mehrjährige Tätigkeit als Principal bei Kienbaum Management Consultants in Düsseldorf. 2007 wechselte er zu TRUMPF in Ditzingen.

13

HENNING KÜLL,
M. A., hat an den Universitäten Köln, Bonn
und an der Management Akademie in
Essen, Politik, Geschichte und Journalismus
studiert. Nach verschiedenen Stationen in
Ministerien und Verbänden trat Herr Küll
2000 in die Ticona ein, heute Celanese
Engineered Materials, ehemals Hoechst AG.
Seit 2008 leitet Henning Küll die Kommunikation des Geschäftsbereichs und hat
gemeinsam mit Dr. Klaus Kurz Open-Inno-
vation-Ansätze der Celanese mit konzipiert,
betreut und kommuniziert.

KLAUS KURZ
Dr. Klaus Kurz hat Chemie an der TU Kai-
serslautern und der TU Clausthal-Zellerfeld
studiert. Er trat 1989 in die Hoechst AG in
den Geschäftsbereich Technische Kunststoffe ein. Dieser Bereich wurde später als
Ticona bzw. Engineered Materials-Segment
im Rahmen des Spin-offs der Celanese
AG bzw. Celanese Corporation abge-
spalten. Klaus Kurz durchlief verschiedene
Positionen im F&E-Bereich und verantwortet heute den Bereich Open Innovation
in Europa bei der Celanese Engineered
Materials (Ticona GmbH).

WOLFGANG LANGHOFF
Dr. Wolfgang Langhoff ist Vice President
R&D der Leoni Bordnetz-Systeme GmbH.
Nach Promotion an der Universität Stuttgart war er bei der Amphenol Tuchel
Electronics GmbH im Bereich Automotive
in unterschiedlichen Positionen tätig, vor
dem Wechsel zu Leoni zuletzt als Entwick-
lungsleiter Automotive.

DOMINIK MAJID
trat nach seinem internationalen Studium
der Betriebswirtschaftslehre an der European Business School 1994 als Marketing
Assistent in die 3M Deutschland ein. Dort
nahm er mit steigender Verantwortung Po-

sitionen im Marketing, Vertrieb, Six Sigma
sowie im globalen Key Account Management wahr und sammelte Erfahrung in
unterschiedlichen Märkten, Absatzkanälen
und Technologien, schwerpunktmäßig im
Automobilbereich. Seit 2012 verantwortet
er das globale Automobilgeschäft bei Klüber
Lubrication (Freudenberg Gruppe).

CONSTANTIN MENSE
studiert Wirtschaftsingenieurwesen am
Karlsruher Institut für Technologie. Die
Schwerpunkte seines Studiums liegen im
Bereich von Informatik und E-Commerce.
Constantin Mense arbeitet im Stab von
Dr. Heinrich Arnold bei den Telekom Inno-
vation Laboratories und wirkt insbesondere
bei Themen im Bereich der Innovation mit.

MARTIN NEUMANN
Dr. Martin Neumann arbeitet als Manager
Innovation Services seit 10 Jahren für
den deutschen Automobilzulieferer
KSPG AG und deren Tochtergesellschaft
Pierburg GmbH im Bereich Innovations-
management. Berufsbegleitend promovierte
Dr. Neumann am INP Grenoble und be-
schäftigte sich während dieser Forschungs-
arbeit eingehend mit der Entwicklung eines
»Ideation Process Model«. Er hat zudem
Berufserfahrung in den Bereichen Marke-
ting, Consulting und Marktforschung und
ist EU-zertifizierter Innovationsmanager.

MIRKO REUTER
ist Leiter Eigenschaften, Funktionen und
Innovationen MLB in der Technischen
Entwicklung der Audi AG. Nach einem
Studium der Mechatronik und verschiedenen Stationen in der Forschung bei der
Ford Motor Company wechselte er zur
Audi AG und war dort unter anderem in
der Fahrwerksentwicklung und Vorentwick-
lung tätig. Mirko Reuter beschäftigt sich
im Rahmen seiner Tätigkeit intensiv mit
Innovationen und Kundenanforderungen
an zukünftige Produkte und Technologien.

14

ANDREAS RIEL
Priv-Doz. Dr. techn. Andreas Riel ist freier Berater und Trainer für Innovationmanagement und integrierte Produktentwicklung. Er ist außerdem Innovationsmanager bei EMIRAcle in Grenoble, Frankreich und kann auf 17 Jahre internationaler Erfahrung in Industrie und Forschung in verschiedenen verantwortungsvollen Positionen zurückgreifen. Er hat EU-Zertifizierungen als Trainer für Innovationmanagement, Entrepreneurship, integrierte Produktentwicklung und Funktionale Sicherheit nach ISO 26262 und IEC 61508 erworben.

ALEXANDER SCHILFF
ist diplomierter Betriebswirt und verantwortlich für den Bereich Mobilität bei CITROËN Deutschland. Er ist bei der

Entwicklung und Implementierung von neuen Arten der Mobilität im Privat- sowie Geschäftskundensektor aktiv. Weiterhin vereint er Erfahrungen aus den Bereichen Brand Management, Business Development, Sales & Marketing, der Beratung sowie intermodaler Mobilitätsinnovationen und deren Strategieentwicklung.

CHRISTIANE STARK
ist im Produktmarketing der Audi AG tätig. Nach einem Studium der Betriebswirtschaftslehre und verschiedenen Stationen in der IT- und Automobilbranche wechselte sie zur Audi AG und war dort unter anderem im Vertrieb und in der Produktstrategie tätig. Christiane Stark beschäftigt sich im Rahmen ihrer Tätigkeit intensiv mit Innovationen und Kundenanforderungen an zukünftige Produkte.

15

Vorwort der Herausgeber

Reife – kaum ein Begriff ist schillernder für große und erfolgreiche Unternehmen. Als Synonym für den Höhepunkt einer Entwicklung deutet Reife bereits auf den drohenden Niedergang hin. Denn der Erfolg von heute führt oft dazu, dass die nötige Veränderungsbereitschaft nachlässt oder ganz zum Erliegen kommt. Schwache Innovationsinitiativen sind die Folge und damit die Ursache für zukünftigen Misserfolg. Immer wieder kommt es dazu, dass bis dato erfolgreiche Unternehmen unversehens von Innovatoren überrascht und damit marginalisiert oder sogar verdrängt werden.

Die Innovation in Prozessen, Produkten und Geschäftsmodellen ist – wie Schumpeter schon postulierte – stets mit einer schöpferischen Zerstörung verbunden. Dennoch verwundert es, dass der Stellenwert von Innovation in vielen Unternehmen nach wie vor deutlich unterrepräsentiert ist. Zweifellos wird gerne und viel über Neuerungen und Veränderungen gesprochen. Aber wenn es darauf ankommt, Ideen und Konzepte in Innovationen umzusetzen, werden zahlreiche und auch sehr kreative Gründe hervorgebracht, warum das so nicht funktionieren kann. Unternehmen fehlt es oft schwer, ihre Komfortzone zu verlassen.

Viele Industrien stemmen sich gegen dieses Phänomen. Mit inkrementellen, klar definierten Evolutionsprozessen schaffen sie dann doch Jahr für Jahr marginale Produktfortschritte und kurzfristig neue Kaufimpulse. Doch der Kampf um fünf Prozent weniger Verbrauch oder zwei Prozent mehr Inhalt verstellt allzu leicht den Blick auf das Wesentliche. Nämlich einen richtigen Vorsprung zu erarbeiten. Was ist Vorsprung? Etwas verändern. Auf der Welt. In den Köpfen. Grundlegend. Um etwas verändern zu können, benötigen Unternehmen Chancenintelligenz. Das ist eine wichtige mentale Einstellung, die sich unter anderem in der Bereitschaft äußert, aus externem Wissen Potenziale für die eigene Arbeit zu erkennen. Dies sowie ein guter

Überblick und der Mut zu einem radikalen Perspektivwechsel sind nämlich die besten Begleiter, um selbst den Trend zu setzen.

Aus unserer Erfahrung als Innovationsberatung wissen wir, was viele Unternehmen suchen: Einen Katalysator für mehr Leistungsfähigkeit und nachhaltiges Wachstum. Die Chance, auf unbeschrittenen Wegen Begeisterung freizulegen. Einen Game Change. Etwas grundlegend Neues. Voraussetzung dafür ist die Arbeit mit Menschen, die davon überzeugt sind, dass sie mit ihren Produkten und Dienstleistungen die Welt verändern können. Darunter ist Innovation nicht zu haben.

In der Chemie erhöht ein Katalysator die Reaktionsgeschwindigkeit und senkt gleichzeitig die Aktivierungsenergie. Er ändert somit die Kinetik der chemischen Reaktion. Ein Innovationskatalysator hat die Aufgabe, Ideen und Konzepte zu generieren, diese erfolgreich in Innovationen umzuwandeln und den damit verbundenen Innovationsprozess in einem Unternehmen – unter Berücksichtigung der bestehenden Rahmenbedingungen und Strukturen – zu beschleunigen. Innovationen gehören zu den wichtigsten unternehmerischen Erfolgsfaktoren. Wer darin gut sein will, kommt an einer konsequenten Professionalisierung von Innovationsprozessen und der Sicherstellung einer hohen Innovationsproduktivität nicht vorbei. Deshalb: Bleiben Sie hungrig. Aktivieren Sie Ihre Chancenintelligenz. Seien Sie ein Innovationskatalysator.

Wie dies gelingen kann, sollen Ihnen die vielfältigen und aufschlussreichen Unternehmensbeispiele in diesem Buch aufzeigen. Zum einen verdeutlichen sie, was die Grundlagen und Erfolgsfaktoren für wertvolle Innovationsansätze und deren Umsetzung sind. Zum anderen erläutern sie im Sinne von Best Practices, worauf es in den Bereichen Produkt-, Prozess- und Geschäftsmodell-Innovation wirklich ankommt. Mit Blick auf die Chancenintelligenz richten die Autoren dabei auch ein besonderes Augenmerk auf ihre Erfahrungen in der praktischen Umsetzung von Open Innovation. Denn gerade in der heutigen Zeit globaler Märkte, Netzwerke und Kommunikationsformen wird die unternehmensübergreifende Zusammenarbeit mit externen Quellen zu einem immer wertvolleren Baustein für eine erfolgreiche Innovationsstrategie.

Dieses Buch soll Ihnen hierfür interessante Perspektiven und nützlichen Input bieten. Es richtet sich an Führungskräfte aller Hierarchiestufen, die Innovation aktiv gestalten, und basiert auf den langjährigen Praxiserfahrungen der Autoren. Den Autoren gebührt ein großer Dank, dass sie ihre wertvolle Zeit in die Mitwirkung an diesem Band investiert haben.

SERHAN ILI, MATTHIAS SCHMÖLDERS
Karlsruhe und Berlin, im Oktober 2014

Grundlagen

Industry Disruptions und Innovationsansätze

Auf allen technologischen Ebenen der Informations- und Telekommunikationsindustrie bahnen sich Veränderungen von so großem Ausmaß an, dass sie die gesamte Branche verändern werden. Welche Chancen und Risiken daraus für die Unternehmen entstehen, beleuchtet dieser Beitrag.

....
In diesem Beitrag erfahren Sie:
- welche Veränderungen die technologischen Ebenen der TK-Industrie prägen werden,
- warum Unternehmen ihre Strategie konsequent auf diese Veränderungen ausrichten sollten,
- welche Potenziale durch die zweite Welle der Digitalisierung entstehen.
....

HEINRICH ARNOLD, CONSTANTIN MENSE

Einschneidende Veränderungen und gesteigerte Effizienz

Innovation prägt seit jeher die Industrie, und ich spreche bewusst nicht von der Informations- und Telekommunikationsindustrie (IKT). Gerade jetzt befinden wir uns an der Schwelle zur nächsten Evolutionsstufe der Technologieindustrie, bei der es nur noch Internetunternehmen geben wird. Manche mit mehr Speicher-, Transport- und Processing-Infrastruktur, manche mit weniger und manche komplett ohne.

Auf den technologischen Ebenen von *Infrastruktur, Cloud und IT-Plattformen* sowie auf der Ebene der *Applikationen* bahnen sich Veränderungen von so großem Ausmaß an, dass sie eine gesamte Industrie grundlegend umformen werden. Man kann sie daher als »Industry Disruptions« bezeichnen. Wurden diese Veränderungen anfangs teilweise von kleinen, noch unbekannten Firmen in die Wege geleitet, sind es inzwischen auch die großen Player der Industrie wie Amazon und Google, die neue technologische Standards vorantreiben und etablieren – entweder durch eigene Innovation oder durch Investitionen und Übernahmen in Milliardenhöhe.

Aus dieser Entwicklung auf der Infrastrukturebene resultiert eine um mehrere Größenordnungen gesteigerte Effizienz im gesamten Netzwerk, die nicht nur mit reduzierten Kosten einhergeht, sondern auf alle Domänen Einfluss haben wird. Der Grund für diese Effizienzsteigerung liegt im sogenannten Software Defined Networking (SDN), auf das weiter unten noch näher eingegangen wird. Ursprünglich aus der Domäne der Rechenzentren (Data Center) stammende Softwarefirmen konkurrieren bereits jetzt im Infrastrukturbereich mit den etablierten Telekommunikationsunternehmen (Telcos). Durch den Standard WebRTC (Web Real-Time Communication) auf der Ebene der Applikationen, der eine Browser-zu-Browser-Kommunikation in Echtzeit ohne eine entsprechende Software-Implementierung ermöglicht, verschwindet das infrastrukturbasierte Geschäftsmodell von Voice- und Videokommunikation. Gleichzeitig entsteht auf der Ebene der Cloud und IT-Plattform durch Digitalisierung (Services im Bereich Machine-to-Machine- (M2M) Kommunikation in Kombination mit Cloud-Services, Datenanalyse und Security) ein enormes Wachstumspotenzial, das insbesondere für Internetunternehmen, die aus integrierten Telcos hervorgehen, eine große Chance darstellt.

Es geht hier um Vormachtstellungen auf globaler Ebene. Firmen, die technologische Veränderungen missachten und nicht in ihrer Firmenstrategie berücksichtigen, werden unweigerlich aus dem Markt gedrängt. Um das zu verhindern, müssen Unternehmen eigene Ansätze und Konzepte verfolgen, mit denen sie Innovationen vorantreiben, neue Geschäftsfelder erschließen sowie Trends, Veränderungen und Hypes frühzeitig erkennen können.

Im Folgenden soll zunächst genauer auf die »Industry Disruptions« in den drei technologischen Ebenen eingegangen werden, um die resultierenden Chancen und Risiken zu erklären. Dabei werden auch verschiedene Ansatzpunkte für Innovationen aufgezeigt, die eine besondere Bedeutung für die Unternehmen im Informations- und Telekommunikationssegment haben und die wir als Telekom Innovation Laboratories entsprechend verfolgen.

Ich bin deswegen so explizit im Sinne der offenen Innovation, da wir insgesamt das Zusammenspiel mit Partnern und Lieferanten benötigen, um gewinnbringend die eigene Kompetenz mit der des Partners zu ergänzen und somit langfristig neue Wachstumsmärkte zu sichern.

Industry Disruptions in der ITK-Branche

Vereinfacht gesehen, lässt sich die IKT – oder perspektivisch betrachtet nur noch Internettechnologie – in drei Bereiche unterteilen:
⇨ Infrastruktur als untere Ebene,
⇨ Cloud und IT-Plattformen als mittlere Ebene,
⇨ Applikationen als obere Ebene.

Auf diesen drei Ebenen verändert sich momentan sehr viel. Daher soll der erste Teils dieses Artikels einen Einblick in die aktuellen Veränderungen und Trends geben und sowohl die resultierenden Chancen als auch die Risiken erläutern, die sich für die infrastrukturbasierten Unternehmen (»Telcos«) ergeben und diese sehr stark verändern werden.

Entwicklungen dieser Art gab es bereits häufiger. Das Ausmaß des aktuellen Wandels wird vergleichbar sein mit den Veränderungen, mit denen sich Großunternehmen wie Microsoft, BlackBerry, Nokia oder Yahoo bereits konfrontiert sahen. So hat beispielsweise Microsoft mit den stetig stärker werdenden Browsern – getrieben insbesondere von Google – zu kämpfen. War es bis vor Kurzem nur möglich, größere Anwendungen mithilfe des Betriebssystems zu benutzen, so können inzwischen immer mehr Anwendungen und Programme direkt aus dem Browser gestartet werden – beinahe unabhängig vom Betriebssystem. Dadurch verliert nicht nur das Betriebssystem an Wert, sondern gleichzeitig auch Microsoft als Unternehmen. Ein weiteres Beispiel ist BlackBerry, das angesichts der Verbreitung von Smartphones mit Mailfunktion die Nische der mobilen E-Mail fast vollständig verloren hat.

Was für das eine Unternehmen einen Wert- und Marktanteils-
verlust bedeutet, bringt dem anderen Unternehmen einen Gewinn an
Wert- und Marktanteil. Doch wer sind die profitierenden Firmen? Es
sind Firmen, die ihre Strategie konsequent auf die relevanten Veränderungen und Trends ausrichten. Firmen, die technologische Veränderungen in ihrer Unternehmensstrategie berücksichtigen und diese
dann konsequent und mit langem Atem umsetzen. Denn dass eine
neue Technologie so gut auf dem globalen Markt ankommt, liegt nicht
an einem zufälligen Muster, sondern an der konsequenten Aus- und
Durchführung der technologischen Strategie und wird belohnt durch
einen gesteigerten Unternehmenswert.

So investiert beispielsweise Google jedes Jahr, um den eigenen
WebRTC-Standard weiterzuentwickeln und im World Wide Web
Consortium (W3C) durchzusetzen, das als Gremium die Standardisierung der Internettechnologien vorantreibt. Wie oben erwähnt, ermöglicht WebRTC eine Browser-zu-Browser-Kommunikation ohne ein
wesentliches System dazwischen.

Auch Amazon hat eine große Erfolgsgeschichte vorzuweisen. Mehr
oder weniger als Nebeneffekt gelang es dem Unternehmen, während
der Neugestaltung seines internen IT-Systems die Bereitstellungslogik
der gesamten IT-Welt mit den Amazon Web Services (AWS) zu revolu-
tionieren. Amazon wurde dadurch zum Weltmarktführer und Vorreiter
in der Bereitstellung von IT-Systemen für externe Kunden, obwohl das
ursprüngliche Kerngeschäft ein anderes war.

Indikatoren für die Relevanz eines innovativen Trends sind sowohl die
Wachstumsraten von Firmen aus der speziellen Branche als auch die
Höhe der Investitionssummen der großen Player der Industrie. Im
Bereich des »Software Defined Networking«, das eine der Hauptverän-
derungen ist, die wir ansprechen wollen, lassen sich beide Indikatoren
finden:

⇨ *Wachstum:* Die Firma Arista Networks, ein führender Hersteller von
   Switches für Cloud-Netzwerke, wurde von Sun-Mitgründer Andreas von Bechtolsheim im Jahr 2004 gegründet und hat inzwischen

einige hundert Mitarbeiter. Sie ist nur eine von vielen Firmen, die im Sillicon Valley Hightech Hardware zur kommerziellen Reife entwickeln.

⇨ *Hohe Investitionssummen:* Das Unternehmen VMWare, das Software im Bereich der Virtualisierung entwickelt, übernahm im Jahr 2012 für 1,26 Milliarden US-Dollar [1] die Firma Nicira, die im Jahr 2007 gegründet wurde und auf Open-Source-Software zur Netzwerkvirtualisierung spezialisiert war. Die Nachricht dieser Übernahme kam relativ überraschend und führte zwangsläufig zu der Frage, was es mit der Technologie, hinter der all diese Firmen stehen, auf sich hat.

Damit sind wir beim ersten großen Technologieschock, der im Folgenden behandelt wird.

Veränderungen auf der Ebene der Infrastruktur

Auf dieser Ebene verändert sich insbesondere ein Aspekt fundamental: die Effizienz der Infrastruktur. Sie wird um mehrere Größenordnungen gesteigert. Zuerst in den USA und inzwischen weltweit investieren Data-Center-Firmen erstmals mehr in intelligente Netzwerke als die eigentlichen Netzbetreiber, da sie mehr als jeder andere von effizienter Datenübertragung abhängen. Daraus resultiert, dass die Domäne der Infrastruktur mehr und mehr zu einer Software-Domäne wird. Das bedeutet, dass die große Effizienz von Softwarefirmen wie Google und Amazon plötzlich in der gleichen Domäne eine Rolle spielt, in der bis jetzt nur Telekommunikationsunternehmen (Telcos) aktiv waren. Die Unterschiede in der Effizienz im Infrastrukturbereich lassen sich anhand der folgenden Vergleiche tendenziös, aber anschaulich darstellen [2]:

⇨ *Zeit bis zur Live-Schaltung von neuen Diensten:*
Amazon Web Services – wenige Sekunden; Telcos – sieben Monate

⇨ *Betriebskosten (Anzahl von Servern pro Admin):*
Google – ein Admin pro 15.000 Server; Telco – ein Admin pro max. 100 Server

⇨ *Operative Komplexität:*
Google – zehn Hardware-Plattformen; Telco – tausende
Permutationen

Für das Top-Management eines Unternehmens stellt sich daher die
Frage, ob diese Zahlen das eigene Unternehmen beeinflussen werden.
Nach dem heutigen Erfahrungsstand sind wir uns sicher, dass Verän-
derungen im Ausmaß dieser Größenordnung unaufhaltsam sind und
nicht nur die IT-Domäne verändern, sondern auch auf die gesamte
Netzwerk-Domäne übergreifen werden.

Wie oben bereits erwähnt, ist ein Grund für die Effizienzsteigerung
das Software Defined Networking (SDN). Momentan wird Netz-
werkkommunikation über eine Vielzahl verschiedener Komponenten
abgewickelt. Jede einzelne Hardware-Komponente muss individuell
konfiguriert werden und ist dementsprechend sehr teuer. Die Idee von
SDN ist es, die Netzwerk-Kontrollebene von der Datenübertragungs-
ebene (Hardware) zu trennen und somit das gesamte Netzwerk über
ein Betriebssystem zu steuern. Standard-Software wird auf Standard-
Hardware betrieben und die individuellen Konfigurationen der verschiedenen Komponenten fallen weg. Die Effizienz des Netzwerks
wird gesteigert und gleichzeitig sinken die Kosten drastisch. Das ist der
Grund für die Investitionen im Milliardenbereich und auch ein Ver-
sprechen dafür, dass der SDN-Standard in Zukunft im gesamten Netzwerk verwendet werden wird. Die Grundlage hierfür legte die Deutsche Telekom bereits im Jahr 2011, indem gemeinsam mit weiteren
Größen der Industrie wie Facebook, Google, Microsoft, Verizon und
Yahoo die Open Network Foundation gründete, um die Entwicklung
dieser neuen Technologie zu standardisieren und deren Verbreitung zu
beschleunigen. Mittlerweile zählt dieser Zusammenschluss mehr als
120 Mitglieder.

Doch aus diesen offenen Innovationsnetzwerken kann auch neue
Konkurrenz entstehen. Mit SDN hat sich auch die Position der Data-
Center-Firmen verbessert, da sie nun bessere Möglichkeiten haben,
Services auf globaler Ebene anzubieten. Ein großes Risiko für die

Telcos ist die Tatsache, dass die Data-Center-Betreiber nicht mehr mit dem Telekommunikationsunternehmen verhandeln müssen, um dessen Netzwerk zu benutzen. Unausweichlich stellt sich die Frage, an welchen Punkten Telcos dabei Wert und Geschäft generieren und was die wichtigen Wertschöpfungshebel sind. Wir als Telekom Innovation Laboratories glauben, dass zum einen die Schnittstelle zu den globalen Carriern und zum anderen der Kontrollpunkt zum Endkunden wichtige Werthebel sind. Hier entscheidet sich unsere Rolle in der Positionierung der Industrien.

Kunden erwarten, dass ihr gewünschter Dienst auf Knopfdruck verfügbar ist. Bis jetzt war dies nicht möglich und führte immer wieder zu Frustration, sowohl beim Kunden als auch beim Anbieter. Durch den SDN-Standard kommt man der Vision vom »Self-Service« per Knopfdruck bedeutend näher. Sei es das Hinzubuchen einer 50-MBit-Leitung oder eines anderen »Heimservices« – alles verfügbar innerhalb kürzester Zeit und auf Knopfdruck. Auch die Kundenbetreuung kann per Ferndiagnose durchgeführt werden. Das Resultat ist ein effizienteres, weniger kompliziertes und leichter zu wartendes Heim- oder Firmennetz für den Kunden, obwohl die Anzahl der angeschlossenen Geräte ständig steigt.

Unter dem Gesichtspunkt der neuen Technologien gibt es zwei Grundvoraussetzungen für ein funktionierendes Gesamtsystem mit all seinen verschiedenen Akteuren und Geräten: zum einen eine gut geplante und umgesetzte Pilotimplementierung als Blaupause für die Industrie, zum anderen das Setzen von De-facto-Standards.

Veränderungen auf der Ebene der Applikationen

Wie bereits erwähnt, kommt es auch auf die richtige Ausrichtung der technologischen Strategie an, wenn es darum geht, Marktanteile zu gewinnen. Auf Applikationsebene beginnen Browser, dem herkömmlichen Betriebssystem den Rang abzulaufen, denn durch die WebRTC-Technologie ist es möglich, eine Browser-zu-Browser-Kommunikation herzustellen. Ein Grund dafür ist die technologische Strategie von Google, WebRTC im Internet-Standardisierungsgremium W3C durchzusetzen. Die Notwendigkeit, in Echtzeit zu kommunizieren, sei es in Form eines reinen Telefonates oder eines Video-Telefonates, wird es immer geben. Nun ist es für den Endkunden durch WebRTC möglich, diese Kommunikation direkt aus der jeweiligen Applikation im Browser zu starten, ohne extra dafür zu bezahlen. Daraus folgt, dass in naher Zukunft niemand mehr für einen Kommunikationsdienst allein bezahlen wird. Facebook ist bereits jetzt das größte Kontaktbuch der Welt. Warum also sollte der Kunde aus seinem Kontaktbuch in eine andere Anwendung wechseln, nur um jemanden per Telefon zu erreichen? Ein Click, ein Anruf – fertig! Gleiches gilt auch für alle anderen sozialen Plattformen.

Der Telekommunikationsindustrie droht der Verlust des ursprünglichen eigenen Kerngeschäftes.

Veränderungen auf der Ebene von Cloud und IT-Plattform

Im Einklang mit den Veränderungen auf der Applikationsebene entstehen im Bereich von Cloud und IT-Plattform große Chancen für die Telekommunikationsindustrie. Diese können als »zweite Welle der Digitalisierung« in allen Industrien oder auch als »zweite Welle des Re-engineerings« bezeichnet werden. Im Prinzip sind es drei verschiedene Aspekte, die zusammenspielen und folgende technologische Veränderungen ergeben:

1. Zusätzliche Informationen werden Bestandteil des Ökosystems durch die fortschreitende Digitalisierung. Ständig kommen neue Sensoren und Aktoren hinzu. Die Machine-to-Machine- (M2M) Kommunikation wird immer wichtiger. Mit jedem System, das vernetzt wird, werden auch die Systeme im Umfeld Bestandteil des Gesamtsystems. Die sogenannte Cloudfähigkeit von Systemen unterstützt diesen Schneeballeffekt.

2. Prozessoren, die Aufgaben vor Ort ausführen, sind über Internet-Flatrates an Cloud-Frameworks angebunden, die wiederum die Möglichkeit haben, die gesendeten Daten im Backend auszuwerten und zu kombinieren. Wo bislang alle Geräte vor Ort physikalisch

verbunden werden mussten, reicht es inzwischen, dass alle Aktoren und Sensoren via Internetprotokoll (IP) adressierbar sind. Möglich ist dies durch Flatrates, IP-Adressierbarkeit und Cloud-/Software-Frames.

3. Die zusätzlich gewonnenen Informationen der verschiedenen Quellen lassen sich in Echtzeit analysieren. Dies bringt zusätzlichen Wert für die einzelnen Wertschöpfungsketten, sofern diese als solche verstanden werden.

Wachstum auf der Ebene von Cloud und IT-Plattform wird durch neue Mehrwertdienste generiert, die darauf abzielen, durch bessere Nutzung von Ressourcen und Kapazitäten bereits existierende Wertschöpfungsketten in allen Industrien zu optimieren. Ein Beispiel ist das Projekt »smartPORT Logistics« im Hamburger Hafen. In dem gemeinsamen Pilotprojekt von Hamburg Port Authority, Deutsche Telekom und SAP, will man aufgrund des gestiegenen Handelsaufkommens den LKW-Verkehr im Hafen vervielfachen, ohne weitere Straßen zu bauen. Lastwagenfahrer werden mittels Verkehrsechtzeitdaten auf einem Tablet bestmöglich navigiert [3]. Mittels der neu entwickelten IT-Plattform werden alle in der Hafenlogistikkette Beteiligten eingebunden und somit der gesamte Warenfluss optimiert. Dieses Beispiel zeigt, wie im Rahmen einer Innovationspartnerschaft mit IT die Effizienz und Wettbewerbsfähigkeit gesteigert werden kann. Weiterhin lässt sich dieses Modell auch auf andere Logistikpartner übertragen.

Ähnliches spielt sich im Einzelhandelssegment ab. Sensoren werden installiert, um zu messen, wie viele der Passanten den Laden wirklich betreten und wie sich die Kunden innerhalb der Ladenfläche bewegen. Daraus lässt sich schließen, auf welche Reize der Kunde reagiert. Durch die Analyse dieser anonymisierten Daten kann man das Kaufverhalten der Kunden viel besser verstehen oder auch regionale Unterschiede feststellen, um dem Kunden in Zukunft ein attraktiveres Angebot präsentieren zu können.

Selbst im Versicherungswesen ist die zweite Welle der Digitalisierung bereits angekommen. Samsung und Apple stehen für teure

31

Endgeräte bei den Kunden. Was hält Google davon ab, Versicherungen dafür anzubieten? Damit könnte die klassische Hausratversicherung entwertet werden. In der Branche muss überlegt werden, wie das Versicherungsmodell der Zukunft aussehen kann. Welche Bindung erfolgt an der Schnittstelle zum Kunden, den Gateways für »Connected Home«, »Connected Car« oder »eHealth«? Versicherungen haben die Wahl: Sie können aktiv sein, um die Veränderung zum eigenen Vorteil zu nutzen, oder sie warten ab und hoffen, dass der Trend ohne Auswirkungen vorübergeht.

Wie bereits angesprochen, spielt Datenanalyse eine große Rolle in den Mehrwertdiensten. Nutzerdatenanalyse in Europa ist etwas völlig anderes als in den USA! In Europa haben wir ca. eine Sekunde Zeit, um Daten zu erfassen, unnütze Daten auszusondern, relevante Daten abzuleiten, sie zu analysieren, ein Ergebnis zu erhalten und schließlich etwas mit dem Ergebnis zu machen. In den USA können die Daten eines Kunden drei Monate lang gesammelt und gespeichert werden, um sie dann später auszuwerten. Tatsächlich sind diese Restriktionen in Europa, die auf den ersten Blick wie ein Nachteil aussehen, im Kontext der zweiten Welle der Digitalisierung ein Vorteil, da europäische Unternehmen von Anfang an gezwungen waren, sehr effiziente und schnelle Algorithmen zur Datenanalyse zu entwickeln. Es liegt in unserer Hand, mit diesen Kompetenzen in Zukunft ganz oben auf der Welle voranzuschwimmen.

Neben der Datenanalyse sind auch die M2M-Themen ein großer Bestandteil der Mehrwertdienste. Das größte Konsumententelefonbuch der Welt ist bereits vergeben – an Facebook für private Kontakte und an LinkedIn für professionelle Kontakte. Es entsteht allerdings eine neue Art von Telefonbuch: das Verzeichnis professioneller M2M-Sensoren und mit ihm die Fähigkeit, nützliche M2M-Dienste untereinander über IP zu verknüpfen – diese Rolle ist noch zu haben!

Die zweite Welle der Digitalisierung bringt strategische Auswirkungen mit sich und wird deswegen auf CEO-Ebene diskutiert. Es geht hierbei nicht um eine technische M2M-Diskussion, sondern um eine strategische Diskussion über die gesamte Wertschöpfungskette.

Unternehmen, die diese Chance richtig angehen und nutzen, können in Zukunft stark profitieren. Diesen Schritt ohne Innovationspartner zu meistern, ist in der heutigen Zeit kaum noch möglich. Aufgrund der immer kürzeren Technologiezyklen in der ITK-Branche kann man die eigene Kompetenz am schnellsten und effektivsten über entsprechend komplementäre Partner ergänzen. Die Rolle der Telcos besteht unter anderem darin, die Vielzahl der digitalen Kundenschnittstellen, sprich der Gateways, richtig zu managen. Gateways müssen insbesondere sicher, zuverlässig und effizient sein, damit sich das Potenzial der zweiten Welle der Digitalisierung entfalten kann!

Sicherheit – ein Aspekt, der alle drei Ebenen umfasst

Abschließend ist noch kurz auf den Aspekt der Sicherheit einzugehen, der von existenzieller Bedeutung für alle drei Ebenen ist. Wenn in Zukunft immer mehr sensible Daten aller Art, wie finanzielle Informationen, Gesundheitsinformationen oder Steuerbefehle, für das intelligente Zuhause über die Gateways und Netzwerke übertragen werden, muss sichergestellt sein, dass diese nicht manipuliert oder ausgelesen werden können. Um dies zu gewährleisten, muss das Maximum an Sicherheit und Performanz für die Gateways herausgeholt werden. Dass diese Sicherheit noch nicht gegeben ist, zeigt die Aussage von Felix Lindner, einem der bekanntesten Hacker und Experten für IT-Sicherheit in Deutschland: »Momentan ist es kinderleicht, ein Gateway zu hacken.« [4]. So riet beispielsweise das Bundesministerium für Sicherheit in der Informationstechnik im Februar 2014 allen Nutzern dringend zum Update der Fritzbox-Software eines bestimmten Herstellers. Hintergrund war eine Sicherheitslücke, über die Angreifer alle in der Fritzbox hinterlegten Daten auslesen und manipulieren könnten [5].

Ein möglicher Ansatz für mehr Sicherheit ist die sogenannte Microkernel-Technologie. Die Idee ist, hohe Sicherheit und hohe Flexibilität (durch offenen Internetzugang) in einem Gerät zu vereinen. Die Microkernel-Technologie ermöglicht die Aufteilung der Hardware in einen offenen Bereich und einen sicheren Bereich, der nur für den IT-Administrator zugänglich ist und in dem alle Aufgaben ausgeführt werden, die einen hohen Bedarf an Sicherheit haben. Die Microkernel (Betriebssystemkerne) stellen sicher, dass nur zulässige Befehle von der Hardware an den sicheren Bereich übermittelt werden können. Eine zusätzliche Firewall blockt jegliche Zugriffe von außerhalb.

Ein erstes Ergebnis dieser Technologie ist das neue Smartphone der Bundesregierung, SIMKO 3. Die Mitglieder der Regierung können nun sowohl sichere Telefonate führen als auch jede beliebige App verwenden – auf ein und demselben Handy und mit einem Wisch des Fingers.

In Anbetracht der aktuellen Sicherheitsdiskussion ist Vertrauen in die angebotenen Lösungen wichtiger denn je!

Quellen

[1]   *techcrunch.com/2012/07/23/vmware-buys-nicira-for-1-26-billion-and-gives-more-clues-about-cloud-strategy/*

[2]   *Juniper Chart*

[3]   *www.verkehrsrundschau.de/verkehrssteuerung-hpa-und-it-partner-vernetzen-den-hamburger-hafen-1168446.html*

[4]   *Zitat Felix Lindner (FX)*

[5]   *www.bsi.bund.de/DE/Presse/Pressemitteilungen/Presse2014/Fritz-Box-Update_11022014.html*

Zusammenfassung

Industry Disruptions können eine gesamte Branche grundlegend umformen. Veränderungen von so großen Ausmaßen zeichnen sich momentan im Informations- und Telekommunikationssegment auf den Ebenen von Infrastruktur, Cloud/Plattform und Applikationen ab. Um davon profitieren zu können, müssen Unternehmen diese Veränderungen frühzeitig erkennen und aus strategischer Sicht angemessen reagieren. In wenigen Märkten ist die Innovationsgeschwindigkeit so hoch wie im IKT-Bereich. Wer hier nicht nur Schritt halten will, sollte eigene Ideen gezielt durch die Entwicklungen externer Partner ergänzen.

Auf Infrastrukturebene sorgt die Technologie des Software Defined Networking (SDN) für eine Effizienzsteigerung um mehrere Größenordnungen. Ursprünglich aus der Data-Center-Domäne stammende Software-Firmen konkurrieren plötzlich mit etablierten Telekommunikationsunternehmen (Telcos).

Auf Applikationsebene gewinnt der Browser an Bedeutung, da es zum einen durch den WebRTC-Standard möglich ist, kostenlose Browser-zu-Browser-Kommunikation herzustellen und weil zum anderen Programme zunehmend direkt aus dem Browser gestartet werden können. Das ursprüngliche Voice- und Videogeschäftsmodell verschwindet.

Auf der Ebene von Cloud und IT-Plattform entstehen durch Mehrwertdienste (M2M-Services kombiniert mit Cloud-Verbindung und Datenanalyse) Wachstumspotenziale, die insbesondere für die Telcos eine große Chance darstellen.

Für alle drei Bereiche ist der Aspekt der Sicherheit wichtiger denn je.

Eine Organisationsstrategie für disruptive Innovation

Oft hört man, radikale Innovationen ließen sich in Konzernen nicht umsetzen. Zudem würden große Unternehmen zu langsam agieren, um auf Markttrends reagieren zu können. Arbeiten wie die Start-ups, geht das trotzdem? Eine unternehmerische Organisationsstrategie bietet hier viele Antworten.

In diesem Beitrag erfahren Sie:
- wie eine unternehmerische Organisationsstrategie gestaltet sein muss, um Innovationen zu fördern,
- was dabei die strukturellen und kulturellen Voraussetzungen sind,
- wie sich die Performance messen lässt.

Martin Eder

Smarte Unternehmensführung

Laufend neue Erfindungen, Globalisierung, Konkurrenzdruck und hohe Anforderungen der meisten Kunden machen den Technologiemarkt zu einem harten Pflaster. Die Zahl jener Unternehmen, die den Trends nicht mehr gerecht werden können und untergehen, ist hoch, Tendenz steigend. Man geht in Deckung vor dem Monster Krise.

Dass man sein Schicksal selbst in die Hand nehmen muss, ist eine Erkenntnis, die bei dem hier beschriebenen Beispiel für eine unternehmerische Organisationsstrategie Vergangenheit und Zukunft zugleich ist. Vor über 120 Jahren in Wien gegründet und nach wie vor in Familienbesitz, hat es Kapsch Group mit rund 5.300 Mitarbeiterinnen und Mitarbeitern auf allen Kontinenten geschafft, sich in markt- und technologieführender Position zu halten.

Kapsch zählt zu den erfolgreichsten Technologieunternehmen Österreichs mit globaler Bedeutung in den Zukunftsmärkten Intelligent Transportation Systems (ITS), Railway and Public Operator Telecommunications sowie Informations- und Kommunikationstechnologie (IKT). Mit einer Vielfalt an innovativen Lösungen und Dienstleis-tungen leistet Kapsch einen wesentlichen Beitrag zur verantwortungsbewussten Gestaltung einer mobilen und vernetzten Welt.

Hauptgrund für das beharrliche Überleben der Unternehmensgruppe war und ist die Fähigkeit, sich immer wieder neu zu erfinden. Mit einer im Jahr 2012 entwickelten unternehmerischen Organisationsstrategie, dem *New Venture Framework,* wurde diese Prozesssammlung im Jahr 2013 institutionalisiert, erste wirtschaftlich relevante Ergebnisse und einige Studien dazu liegen nun vor.

Dabei wurde eine strukturierte Herangehensweise erarbeitet, die die wiederkehrende Neuerfindung des Unternehmens bei gleichzeitiger Risikominimierung ermöglicht. Der Anstoß für dieses Projekt war jenes Aufbruchsbewusstsein, welches das Unternehmen schon zu vielen strategischen Veränderungen, beispielsweise die Ausgründung eines Energieunternehmens oder die Schaffung eines eigenen Bereiches für das »Internet der Dinge«, befähigt hat und gerade heute ein Schlüsselfaktor für den Erfolg geworden ist.

Eine unternehmerische Organisationsstrategie ist die Basis für den Umgang mit internen und externen Ideen, die nicht unmittelbar in eine der aktuellen Unternehmensstrategien passen, und damit eine der zentralen Grundvoraussetzungen für jede Art von Open Innovation.

Organisationale Ambidextrie

Zunächst erscheint es angebracht, die Überlegungen für die Entwicklung und die zugrundeliegenden Definitionen für das New Venture Framework hier näher zu beleuchten.

Ein wesentlicher Ansatzpunkt bezieht sich dabei auf die sogenannte Organisationale Ambidextrie. Die lateinischen Wurzeln des Wortes setzen sich aus »ambo« (= beide zusammen, beide gleichzeitig) und »dexter«, (= rechts) zusammen. Die wörtliche Übersetzung bedeutet also »beidseitig rechts«. Der Begriff Ambidextrie beschreibt damit die Fähigkeit, kreative und intrinsische Prozesse beidhändig ausführen zu können.

Der amerikanische Forscher Robert Duncan (vgl. [1]) war Mitte der 1970er Jahre wohl der Erste, der den Begriff aus der Medizin und Psychologie erstmals nicht auf den Menschen, sondern auf Organisationen bezog. Heute ist der Begriff »Organisationale Ambidextrie« geläufig als Beschreibung für Organisationen, die in der Lage sind, sich völlig unterschiedlichen Aufgaben zur selben Zeit zu widmen, also gleichzeitig effizient und flexibel sein zu können.

Unter dieser – sehr breiten – Begriffsdefinition finden sich jedoch sehr unterschiedliche und ambivalente Spezialisierungen. Einige Forscher stellen den Innovationsaspekt in den Vordergrund, wodurch sich Ambidextrie in der Fähigkeit widerspiegelt, unterschiedliche Arten der Innovation simultan durchführen zu können, also gleichzeitig inkrementell und radikal innovieren zu können (vgl. z. B. [2]). Andere beleuchten ein viel breiteres Spektrum, beispielsweise Anpassungsfähigkeit und Linienführung (vgl. z. B. [3]), Suche nach Neuem und Stabilität (vgl. z. B. [4]) oder Prozesse und Aufgaben innerhalb einer erlernten Routine im Vergleich zu Nicht-Routine-Aufgaben und -Prozessen (vgl. z. B. [5]).

Allgemein anerkannt ist die Kombination aus Begriffen, die der amerikanische Forscher James G. March mit »Exploration« und »Exploitation« (vgl. [6]) beschrieben hat (siehe dazu die Definitionen weiter unten). Für die Erarbeitung des New Venture Framework war es aber notwendig, einige allgemeine Definitionen enger zu fassen. So sind sich Forscher heute nicht einig, wann ein Unternehmen als »ambidextrös innovativ« beschrieben werden kann. Einige Forscher vertreten die Ansicht, dass schon das Vorhandensein von Exploration und Exploitation in einem Unternehmen ausreicht, um als ambidextrös zu gelten (vgl. z. B. [7]). Andere sind davon überzeugt, dass der entscheidende Faktor für erfolgreiche Ambidextrie die Balance zwischen Exploration und Exploitation ist (vgl. [8]). Im Widerspruch dazu steht die Theorie, dass ein möglichst hoher Grad an Exploration und Exploitation zu erreichen ist und das Verhältnis zwischen beiden eine untergeordnete Rolle spielt (vgl. [9]).

Für die Erarbeitung des New Venture Framework bei der Kapsch Group wurde die letztgenannte Theorie des Erreichens signifikanter und messbarer Größen von Exploration und Exploitation herangezogen. Dabei wurde auch unterstellt, dass der ambidextröse Innovationsgrad leichter messbar gemacht werden kann als das bloße Vorhandensein einer innovativen Unternehmenskultur.

Obwohl es eine große Zahl an Publikationen, beschreibende Fallstudien und eine Vielzahl an Organisationsanalysen zum Thema gibt, bleiben die theoretischen Abhandlungen und konkret übertragbaren Definitionen jedoch großteils vage und sehr häufig widersprüchlich. Dies und die unzähligen, nie aufgearbeiteten Variationen der Definitionen sind der Hauptgrund, warum Organisationale Ambidextrie »unterrepräsentiert in akademischer Theorie und Konzeption und daher ein meist un- oder missverstandenes Phänomen«[10] geblieben ist.

Das Konzept von Exploration und Exploitation

March definiert Exploration in seiner grundlegenden Arbeit über Organisationales Lernen mit »Aufgaben und Tätigkeiten, mit der Begriffsdefinition von Suche, Variation, Risiko, Experiment, Spiel, Flexibilität, Entdeckung, Innovation« und Exploitation mit »Verbesserung, Veredelung, Auswahl, Produktion, Effizienz, Durchführung, Ausführung« [11].

Diese sehr breite Definition wurde in späteren Arbeiten überarbeitet: für Exploration »die Suche nach neuem Wissen« und für Exploitation »die Verwendung und Entwicklung von Bekanntem« [12].

In den vergangenen Jahren wurde von Forschern jedoch wieder bevorzugt die ursprüngliche Definition von March herangezogen, um der Beschränkung auf reines Wissensmanagement zu entgehen (vgl. [13]). Beide Sichtweisen offenbaren aber die völlig unterschiedliche Natur beider Begriffe und weisen auf eine nahezu völlige Unvereinbarkeit hin. Typischerweise unterliegen Organisationen nämlich starken Ressourcenbeschränkungen und müssen sich damit meist automatisch für die Zuteilung von Ressourcen zu Projekten mit zeitnahen Gewinnen (unter Verwendung von vorhandenen Fähigkeiten und derzeitigem Wissen) oder zukünftigen Gewinnen (nach neuen, risikobehafteten Möglichkeiten und Alternativen suchend) entscheiden (vgl. [14]).

Das Dilemma, einen Kompromiss zwischen Exploration und Exploitation finden zu müssen, bedeutet also für jede Organisation, sich zwischen langfristigen Zukunftschancen und kurzfristigen Gewinnen entscheiden zu müssen. Mehr noch bedeutet diese Entscheidung, zwischen langfristig nachhaltigem Erfolg und kurzfristiger Produktivität und Profit wählen zu müssen – auch auf die Gefahr hin, dass Letzteres zum Untergang eines Unternehmens führen wird (vgl. [15]). Nachdem diese Fakten als allgemein bekannt vorausgesetzt werden können und längst Bestandteil der Lehre sind, stellt sich also die Frage: Warum entscheiden sich Organisationen meist nur für eines der beiden Konzepte, anstatt beide zu fördern?

Neben der offensichtlichen Antwort – der üblicherweise herrschenden Ressourcenknappheit in jeder Organisation – stellen einige Forscher die Begriffe der »Erfolgsfalle« bzw. der »Misserfolgsfalle« in den Raum. Während einerseits anhaltender Erfolg in der Weiterentwicklung bestehender Technologien und Geschäftsmodelle die Augen vor dem Neuen verschließen lässt, lauert andererseits die immanente Gefahr, mit Neuentwicklungen nicht den gewünschten Erfolg landen zu können. Dies führt meist zu weiteren, risikobehafteten Neuentwicklungen und endet oft auch in Totalausfällen (vgl. z. B. [16]).

Jedoch ist sich die Forschung ebenso nicht einig, ob Exploration und Exploitation überhaupt auf einer systemischen Achse gesehen werden können, und darüber hinaus, ob sie die jeweiligen Endpunkte dieser Achsen darstellen.

Wie auch immer man dieses Thema beleuchten möchte, das zugrundeliegende Dilemma für Unternehmen bleibt: Um langfristigen Erfolg und Wachstum sicherzustellen, muss jedes Unternehmen die Möglichkeiten nach neuen Produkten, Technologien, Geschäftsmodellen und Märkten erforschen, während es mit bestehenden Fähigkeiten und vorhandenem Wissen das bestehende Geschäftsmodell beschützt und möglichst weiterentwickelt (vgl. z. B. [17]).

Das New Venture Framework

In diesem Abschnitt soll das Rahmenwerk [18] grob skizziert werden, der Vergleich zwischen den unterschiedlichen Kompetenzen und Strukturen gezogen sowie auf die essenziell notwendigen Grundlagen der Unternehmenskultur und des Führungsstils im Hinblick auf explorative und exploitative Bereiche eines Unternehmens eingegangen werden.

Zielsetzung

Das New Venture Framework hat zum Ziel, die Entwicklungs- und Wachstumsfähigkeit eines Unternehmens zu sichern. Es steht für eine innovationsfördernde Arbeitsweise und verkörpert die explorative Seite des Unternehmens. Dabei geht es um die richtige Balance verschiedener Kompetenzen eines Unternehmens und einer entsprechenden Ressourcenverteilung.

Das New Venture Framework wurde als Fallbeispiel eines neuen Ansatzes in der Organisationstheorie im Rahmen einer Masterarbeit (vgl. [19]) an der Wirtschaftsuniversität Wien untersucht. Dabei kristallisierten sich extreme Flexibilität, unternehmerisch orientiertes Denken und Engagement als die Säulen jener neuen Arbeitsweise heraus.

Flexibilität, kulturelle Werte, Engagement

Für die Funktionsfähigkeit einer unternehmerischen Organisationsstrategie sind schnelle Entscheidungsfindung und rasche Zuteilung von Ressourcen wichtig. Organische Strukturen, Dezentralisation, Autonomie und der Abbau von Hierarchien machen das möglich. Das New Venture Framework ist ein Regelwerk, eine Implementierung von Methoden und Maßnahmen zur Förderung von »Greenfield«-Ansätzen in neuen Geschäftsmodellen. Als einzige Instanz dient ein sogenanntes Steering Council, geleitet vom Finanzvorstand der Unternehmensgruppe. Unterstützt, getragen und vorgelebt wird die Methode von sämtlichen Führungskräften des Unternehmens, einschließlich der Eigentümer. Dieser Enthusiasmus ist eine unumgängliche Bedingung für die Durchsetzung einer solchen Strategie.

Die unternehmerische Organisationsstrategie lässt sich nämlich nur dann umsetzen, wenn die entsprechenden kulturellen Werte auch (vor-)gelebt werden. Das Ziel ist eine Struktur, wie sie bei Start-up-Unternehmen zu finden ist: Man arbeitet auf ein konkretes Ziel hin, statt planlos mit einer Idee im Konzern mitzuschwimmen. Dabei spielt eine innovative Unternehmenskultur eine enorm wichtige Rolle, da eine offene und unternehmerisch denkende Geisteshaltung aller Beteiligten, teilweise auch von Unbeteiligten, vonnöten ist. Die Betonung muss auf Unternehmergeist, Kreativität und Toleranz von Misserfolgen liegen. Risiken müssen in Kauf genommen werden.

Ein gutes Beispiel für gelebte Unternehmenskultur sind etwa Initiativprojekte, auch U-Boot-Projekte genannt. Das sind individuelle Projekte, an denen Mitarbeiter aus Eigeninitiative, sehr häufig in ihrer Freizeit, arbeiten, ohne »Einmischung« durch das Management [20], aber mit voller Unterstützung, Akzeptanz und Rückendeckung.

Die für die Exploration und Exploitation nötigen Kompetenzen unterscheiden sich erheblich voneinander. Ersteres erfordert eher unternehmerische, Letzteres eher operative Fähigkeiten. Eine weitere unternehmerische Kompetenz ist die Geschwindigkeit, mit der weitreichende Entscheidungen im Unternehmen getroffen werden können. Im Hinblick auf eine Erfolg versprechende Arbeit im New Venture Framework muss man von erheblichen Konfliktpotenzialen ausgehen, deren Risiken nur mit extremer Flexibilität, unternehmerischem Denken und Engagement zu bewältigen ist.

Organisatorische Struktur

Die Forschung zeigt, dass die Struktur der exploitativen Bereiche einer Organisation eher formeller Natur ist, mit einem hohen Grad an Standardisierung und Zentralisierung der Entscheidungsprozesse. Explorative Einheiten sind hingegen von organischen Strukturen und einer stärkeren Dezentralisierung und Autonomie gekennzeichnet. Dieses Muster kann letztlich bei jedem Unternehmen und beim New Venture Framework als deren exploratorische Seite beobachtet werden.

Vorteilhaft hat sich eine flache Hierarchie herausgestellt, was sich einmal mehr in der zentralisierten und schnellen Entscheidungsfindung widerspiegelt. Viele stark formalisierte Prozesse, vor allem jene zur Steuerung von Großprojekten, finden sich in weiten Bereichen der Unternehmensgruppe, worin sie sich sehr von einem Start-up unterscheidet. Trotzdem kann ein bestimmter Grad an Verbundenheit beobachtet werden. Der Zugang zu den Entscheidungsträgern ist sehr einfach, offen und unbürokratisch. Ein lange etabliertes Trainee-Programm bildet darüber hinaus die Basis für eine gute Verbundenheit von künftigen Führungskräften in der Organisation. Außerdem stellt eine Reihe von Events den Austausch zwischen den leitenden Mitarbeitern der Organisation sicher.

Was das New Venture Framework betrifft, gehen die Erwartungen bezüglich der Struktur Hand in Hand mit der Literatur zu diesem Thema: starke Dezentralisierung, niedrige Hierarchien und daraus resultierend schnelle Entscheidungsfindungen in Kombination mit einem hohen Grad an Informalität und Autonomie. Entscheidungen können mit wenig Rücksicht auf Formalitäten oder Berufserfahrung getroffen werden. Beabsichtigt ist eine start-up-ähnliche Struktur, bei der man ein Ziel hat, das man zu erreichen versucht. Egal wie, wann oder wo.

Evaluierung der Perfomance

Kontroll- und Anerkennungsmechanismen für exploitative Einheiten sind typischerweise eher quantitativer Natur. Die Evaluierung explorativer Einheiten sollte jedoch auf einem Mix aus Wachstumsindikatoren und dem Erreichen gewisser vordefinierter Meilensteine basieren:

⇨ Die Gesamtperformance der exploitativen Einheiten ist nach Key Performance Indicators (KPI) ausgerichtet. Das EBIT (Gewinn vor Zinsen und Steuern) und die EBIT-Marge (EBIT-Anteil am Gesamtumsatz) sind beispielsweise die wichtigsten Leistungskennzahlen für Profitabilität in der bestehenden Organisation.

⇨ Als weiterer Performanz-Indikator wird das Wachstum in Bezug auf Marktanteile analysiert, um sicherzustellen, dass das Unternehmen besser als der Mitbewerb abschneidet.

⇨ Innovationsorientiertere Indikatoren sind zum Beispiel die Verkaufsanteile neuer im Vergleich zu bereits existierenden Produkten oder der langfristig orientierte »Return on Innovation«.

Was das New Venture Framework betrifft, lässt sich das Performance-Bewertungssystem der bestehenden Organisation nicht einfach unverändert für explorative Geschäftseinheiten übernehmen. Der entscheidende Erfolgsfaktor eines Projektes ist letztlich natürlich der erzielte Return on Investment (ROI). Die Auswirkung der Performance-Bewertung auf das Verhalten von einzelnen Projektbeteiligten kann jedoch gewaltig sein. Man kann den Fortschritt eines neuen Unternehmens nicht einfach in Prozenten messen. Dies wäre der Untergang für jede Art von Start-up-Kultur. Da die ersten Jahre eines New-Venture-Framework-Projektes meist durch Verluste gekennzeichnet sind, haben Meilensteine eine wesentlich größere Bedeutung als Auswertungsmechanismen darüber, ob sich ein Projekt auf dem richtigen Weg befindet oder nur ein Luftschloss ist.

Es ist grundsätzlich wichtig, das Performance-Bewertungssystem an der gewünschten Kultur der explorativen Einheiten auszurichten. Daher erscheint ein Mix aus qualitativen und quantitativen Maßnahmen für das New Venture Framework genau richtig. Dabei stehen die Beobachtung des Konsumverhaltens, die Entwicklung erster Prototypen und Pilotversuche mit einem ersten Kunden im Vordergrund. Dies wird natürlich zunehmend quantitativ: die ersten verkauften 100 Stück, die ersten 100 Stück ohne Kundenreklamationen etc. Eine strategische Entscheidung über das Wertesystem und die gewünschte Kultur sind natürlich absolute Grundvoraussetzung.

Unternehmenskultur

Die Unternehmenskultur ist der wesentlichste Faktor, um Organisationale Ambidextrie erzielen zu können. Verschiedene Arten von Kulturen sind sowohl für die Exploration als auch die Exploitation nützlich: Während exploitative Einheiten in einer Kultur gedeihen, die um Effizienz, Risikoaversion und Präzision aufgebaut sind, profitieren explorative Einheiten von einem Schwerpunkt auf Unternehmertum, Kreativität und einem flexiblen Verhältnis zwischen Risiko und Ausfallsicherheit.

Das Management-Team übt den größten Einfluss auf die Innovationskultur aus. Können sich Teammitglieder in einer Umgebung entfalten, in der großer Wert auf Innovation und kreatives Denken gelegt wird, spiegelt sich das in jeglichem Verhalten wider. Ein – zugegeben heftig diskutiertes – Beispiel von innovationsfreundlicher Unternehmenskultur ist die Würdigung von »erfolgreichem Scheitern«. Dies ist dann der Fall, wenn ein Projekt, das in die falsche Richtung geführt hat, rechtzeitig gestoppt wurde, und der Mitarbeiter oder Manager, der den Mut hatte, es abzubrechen, dafür offiziell Anerkennung bekommt. Dadurch soll eine Kultur etabliert werden, in der ein »kontrolliertes Scheitern« als Erfolg gesehen wird, weil es für das Unternehmen eine großartige Möglichkeit zum Lernen darstellt.

Für das New Venture Framework gibt es vier Kulturprinzipien:
⇨ Durch die Abkapselung von der Hauptorganisation erhalten
   die Projektteammitglieder Freiheit und Energie und werden von
   vorhandenen Verantwortungen sowohl physisch als auch mental
   entlastet.
⇨ Versuch und Irrtum fördern eine Kultur, die offen für Experimente
   ist, und in der ein Scheitern akzeptiert und als Möglichkeit zum
   Lernen angesehen wird.
⇨ Wie ein Start-up zu arbeiten, beinhaltet auch Charakteristiken wie
   Kreativität, flexible und adaptive Forschungsmethoden und schnel-
   les Lernen durch Wiederholung. Die Kultur des New Venture
   Framework und die intrinsische Motivation der Teammitglieder
   beeinflussen sich gegenseitig.
⇨ Der Ansatz »ohne Regeln« fördert die Entstehung einer Start-up-
   Atmosphäre. Prinzipiell sollte den Mitgliedern des New-Venture-
   Framework-Teams (in angemessenem Umfang) gestattet werden,
   zu arbeiten, wie, wo und wann sie möchten.

Die Idee hinter diesen Kulturprinzipien ist, jegliche Routine, die
Kreativität, Spontanität und das Gefühl der Unabhängigkeit hemmen
könnte, zu minimieren oder gänzlich zu eliminieren.

Führung

Die Theorie besagt, dass die Führung in exploitativen Einheiten von
der Unternehmensspitze nach unten und auf autoritäre Weise erfolgt,
während sie in explorativen Einheiten wesentlich visionärer und engagierter ausgeübt wird.
  Im Allgemeinen gehen die Ansichten darüber auseinander, ob die-
selbe Persönlichkeit oder derselbe Führungsstil sowohl in der bestehenden Organisation als auch im New Venture Framework erfolgreich sein
kann. Manche würden einen Unterschied zwischen Führungskräften
und Managern sehen. Um erfolgreich zu sein, muss Letzterer Prozesse
effektiv handhaben und mit den Kosten umgehen können sowie die

entsprechenden Kennzahlen liefern. Andere hingegen glauben, dass die »richtige« Person für eine Führungsposition im New Venture Framework – zusätzlich zu den Kerneigenschaften wie hohe Integrität oder Performance – über unternehmerisches Interesse verfügen muss, statt »als eines von vielen Rädern im großen Getriebe zu arbeiten«.

Ein weiteres Qualitätsmerkmal für Erfolg in der bestehenden Organisation ist ein gewisses Maß an politischem Gespür. Das bedeutet, dass jemand in einer Führungsposition gut innerhalb der Organisation vernetzt sein muss und über gute interne Kommunikationswege verfügen sollte. Dies ist für das New Venture Framework ebenfalls von Bedeutung: Rasche Entscheidungen und schneller Zugang zu den Ressourcen sind von grundlegender Bedeutung für den Erfolg eines New-Venture-Framework-Projektes, und beides lässt sich effizienter und effektiver erreichen, wenn jemand innerhalb der Organisation gut vernetzt ist.

Vergleichsweise geringe Berufs- und Führungserfahrung werden dagegen nicht als Ausschlusskriterien für Führungspositionen im New Venture Framework angesehen, solange andere Anforderungen wie die intrinsische Motivation erfüllt werden.

Zentrale Herausforderungen

Einige der größten Herausforderungen, denen man sich während und nach der Implementierung eines New Venture Framework stellen muss, sind einerseits rechtlicher Art, also die Schaffung bzw. Adaptierung von Bestimmungen und Richtlinien, und andererseits motivationaler Art, also etwa die Schaffung von Anreizen für Teammitglieder. Abgeleitet davon ist die mögliche Re-Integration von Teammitgliedern in das Unternehmen, sobald das New-Venture-Framework-Projekt abgeschlossen oder gescheitert ist bzw. nicht zur Gründung eines neuen Unternehmens führt.

Weitere Herausforderungen sind eine adäquate Kommunikation innerhalb des New Venture Framework, innerhalb der exploitativen und explorativen Bereiche im Unternehmen sowie der Umgang mit einer

Kultur, die oftmals ein Scheitern im Geschäftsumfeld als persönliches Scheitern auffasst.

Werden die oben genannten Punkte berücksichtigt, kristallisieren sich drei Anforderungen heraus:

⇨ Das New-Venture-Framework-Team sollte räumlich von der bestehenden Organisation getrennt werden.

⇨ Das New Venture Framework – und seine Bedeutung für die Organisation als Ganzes – muss effektiv kommuniziert werden, besonders gegenüber der Bereichsleitung und den disziplinären Vorgesetzten.

⇨ Klare und transparente Vereinbarungen müssen getroffen und an alle relevanten Parteien der bestehenden Organisation und des New Venture Framework übermittelt werden.

Je besser jede Mitarbeiterin und jeder Mitarbeiter die strategische Bedeutung eines New-Venture-Framework-Projekts für die Zukunft des Unternehmens erkennt, desto größer ist ihre Motivation, daran teilzunehmen, es zu unterstützen oder einen Beitrag zu leisten, und desto geringer ist die Wahrscheinlichkeit, dass sie sich bewusst oder unbewusst widersetzen.

Wirkungen des New Venture Frameworks bei der Kapsch Group

Die Implementierung der unternehmerischen Organisationsstrategie zeigt heute einen erfolgreich eingeschlagenen Weg auf, der geeignet ist, um rechtzeitig neue Potenziale zu entdecken sowie gleichzeitig effizient und profitabel im Kerngeschäft zu agieren. So ist man etwaigen Markteinbußen nicht hilflos ausgeliefert und kann den eigenen Untergang in so gut wie jeder Branche verhindern.

In gewisser Weise liefert die Strategie vorausschauende, langfristige Lösungen für noch nicht entstandene Probleme. Mitunter schafft man damit auch seinen eigenen größten Mitbewerb. Die nötigen Zutaten sind neben Kreativität und strategischem Vorgehen auch eine gehörige Portion Mut und Offenheit. Die Förderung von offenem Denken und eigenständigem Handeln führt im Idealfall zur Erschließung neuer Geschäftsideen, die dann womöglich zur Gründung einer neuen Sparte oder eines Tochterunternehmens beitragen.

Bisher wurden auf diese Art zahlreiche Ideen und Methoden gesammelt, auf die das Unternehmen jederzeit zurückgreifen kann. Laufend wird damit an neuen Projektideen gearbeitet, mit hoher Realisierungswahrscheinlichkeit und geringem Ausfallsrisiko.

Das New Venture Framework fördert damit gleichzeitig interne wie externe Ideengeber auf einer bewusst individuellen Ebene und ist damit längst mehr als reine Theorie. Erfolgreiche Projektabschlüsse, beispielsweise im Bereich des intelligenten Energiemanagements sowie die Gründung zweier neuer Unternehmenssparten in nur zwei Jahren zeugen von einer höchst erfolgreichen Umsetzung dieser unternehmerischen Organisationsstrategie. Vor drei Jahren gab es dabei weder das Unternehmen, das diese Projekte plante und realisierte, noch die strategische Ausrichtung dazu in der Kapsch Group.

Literatur

[1] DUNCAN, R. B.: *The ambidextrous organization: Designing dual structures for innovation.* In: *Kilmann, R. H.; Pondy, L. R.; Slevin, D. (Hrsg.): The management of organization design: Strategies and implementation. New York: North Holland, 1976*

[2] DANNEELS, E.: *The Dynamics of Product Innovation and Firm Competences.* Strategic *Management Journal, 23, 2002, S. 1095*

TUSHMAN, M. L.; O'REILLY, C. A.: *Ambidextrous Organizations: Managing Evolutionary and Revolutionary Change. In: California Management Review, 38, S. 8-30, 1996*

JANSEN, J. J. P.; VAN DEN BOSCH, F. A. J.; VOLBERDA, H. W.: *Exploratory Innovation, Exploitative Innovation, and Ambidexterity: The Impact of Environmental and Organizational Antecedents. In: Schmalenbach Business Review (SBR), 57, 2005, S. 351–363*

[3] GIBSON, C. B.; BIRKINSHAW, J.: *The Antecedents, Consequences, and Mediating Role of Organizational Ambidexterity. Academy of Management Journal, 47, 2004, S. 209–226*

RAISCH, S.; BIRKINSHAW, J.: *Organizational Ambidexterity: Antecedents, Outcomes, and Moderators. In: Journal of Management, 34, 2008, S. 375–409*

[4] RIVKIN, J. W.; SIGGELKOW, N.: *Balancing Search and Stability: Interdependencies Among Elements of Organizational Design. In: Management Science, 49, 2003, S. 290–311*

[5]   ADLER, P. S.; BENNER, M.; BRUNNER, D. J.; MACDUFFIE, J. P.; OSONO, E.; STAATS, B. R.; TAKEUCHI, H.; TUSHMAN, M. L.; WINTER, S. G.: *Perspectives on the Productivity Dilemma*. In: *Journal of Operations Management, 27, 2009, S. 99–113*

[6]   MARCH, J. G.: *Exploration and Exploitation in Organizational Learning. In: Organization Science, 2, 1991, S. 71–87*

[7]   TUSHMAN, M. L.; O'REILLY, C. A.: *Ambidextrous Organizations: Managing Evolutionary and Revolutionary Change. In: California Management Review, 38, 1996, S. 8–30*

       TUSHMAN, M. L.; SMITH, W. K.; WOOD, R. C.; WESTERMAN, G.; O'REILLY, C. A.: *Organizational designs and innovation streams. In: Industrial & Corporate Change, 19, 2010, S. 1331–1366*

       GUPTA, A. K.; SMITH, K. G.; SHALLEY, C. E.: *The Interplay Between Exploration and Exploitation. In: Academy of Management Journal, 49, 2006, S. 693–706*

[8]   LUBATKIN, M. H.; SIMSEK, Z.; YAN, L.; VEIGA, J. F.: *Ambidexterity and Performance in Small- to Medium-Sized Firms: The Pivotal Role of Top Management Team Behavioral Integration. In: Journal of Management, 32, 2006, S. 646–672*

[9]   SIMSEK, Z., HEAVEY, C., VEIGA, J. F.; SOUDER, D.: *A Typology for Aligning Organizational Ambidexterity's Conceptualizations, Antecedents, and Outcomes. In: Journal of Management Studies, 46, 2009, S. 864–894*

       SIMSEK, Z.: *Organizational Ambidexterity: Towards a Multilevel Understanding. In: Journal of Management Studies, 46, 2009, S. 597–624*

[10]   SIMSEK, Z.: *Organizational Ambidexterity: Towards a Multilevel Understanding. In: Journal of Management Studies, 46, 2009, S. 598*

[11]   MARCH, J. G.: *Exploration and Exploitation in Organizational Learning. In: Organization Science, 2, 1991, S. 71*

[12]   LEVINTHAL, D. A.; MARCH, J. G.: *The Myopia of Learning. In: Strategic Management Journal, 14, 1993, S. 105*

[13]   LAVIE, D.; STETTNER, U.; TUSHMAN, M. L.: *Exploration and Exploitation Within and Across Organizations. In: Academy of Management Annals, 4, 2010, S. 109–155*

[14]   MARCH, J. G.: *Exploration and Exploitation in Organizational Learning. In: Organization Science, 2, 1991, S. 71–87*

[15]   HOLMQVIST, M.: *Experiential Learning Processes of Exploitation and Exploration Within and Between Organizations: An Empirical Study of Product Development. In: Organization Science, 15, 2004, S. 70–81*

LAVIE, D.; STETTNER, U.; TUSHMAN, M. L.: *Exploration and Exploitation Within and Across Organizations. In: Academy of Management Annals, 4, 2010, S. 109–155*

LEONARD-BARTON, D.: *Core Capabilities and Core Rigidities: A Paradox in Managing New Product Development. In: Strategic Management Journal, 13, 1992, S. 111–125*

TUSHMAN, M. L.; O'REILLY, C. A.: *Ambidextrous Organizations: Managing Evolutionary and Revolutionary Change. In: California Management Review, 38, 1996, S. 8–30*

[16] KATILA, R.; AHUJA, G.: *Something Old, Something New: A Longitudinal Study of Search Behavior and New Product Introduction. In: Academy of Management Journal, 45, 2002, S. 1183–1194*

O'REILLY, C. A.; TUSHMAN, M. L.: *The Ambidextrous Organization. In: Harvard Business Review, 82, 2004, S. 74–81*

[17] TUSHMAN, M. L.: *O'Reilly, C. A.: Ambidextrous Organizations: Managing Evolutionary and Revolutionary Change. In: California Management Review, 38, 1996, S. 8–30*

TUSHMAN, M. L.; O'REILLY, C. A.: *Winning through innovation : a practical guide to leading organizational change and renewal, Boston, Mass., Harvard Business School Press, 1997*

LUBATKIN, M. H.; SIMSEK, Z.; YAN, L.; VEIGA, J. F.: *Ambidexterity and Performance in Small- to Medium-Sized Firms: The Pivotal Role of Top Management Team Behavioral Integration. In: Journal of Management, 32, 2006, S. 646–672*

DUNCAN, R. B.: *The ambidextrous organization: Designing dual structures for innovation. In: Kilmann, R. H., Pondy, L.R.; Slevin, D. (Hrsg.) The management of organization design: Strategies and implementation. New York: North Holland, 1976*

GUPTA, A. K.; SMITH, K. G.; SHALLEY, C. E.: *The Interplay Between Exploration and Exploitation. In: Academy of Management Journal, 49, 2006, S. 693–706*

O'REILLY, C. A.; TUSHMAN, M. L.: *Ambidexterity as a dynamic capability: Resolving the innovator's dilemma. In: Research in Organizational Behavior, 28, 2008, S. 185–206*

[18] EDER, M.; HITSCHMANN, K.; RASOCHA, G.: *New Venture Framework, Kapsch Group Organizational Handbook, 2012*

[19] VOCKENHUBER, S.: *Organizational Ambidexterity in Practice: A Case Study of the New Venture Framework at Kapsch Group, 2013*

[20] V. HIPPEL, E.: *Democratizing Innovation, The MIT Press, 2005, S. 121*

Zusammenfassung

Das New Venture Framework ist ein Regelwerk, eine Implementierung von Maßnahmen zur Förderung der Entstehung von «Green-Field-Business«. Unterstützt wird diese Methode von allen Führungskräften des Unternehmens in visionärer und engagierter Form – einer der wesentlichsten Faktoren für die Durchsetzung einer solchen Strategie.

Für die Funktionsfähigkeit dieser Organisationsstrategie ist eine schnelle Entscheidungsfindung und rasche Zuteilung von Ressourcen von essenzieller Bedeutung. Organische Strukturen, Dezentralisation, Autonomie und der Abbau von Hierarchien machen das möglich. In der Weiterentwicklung der Unternehmenskultur ist größtmöglicher Wert auf innovatives und kreatives Denken zu legen. Entsprechende Rahmenbedingungen sind dafür zu schaffen, immer unter dem Aspekt, dass die Bedeutung jenes Wertesystems dramatisch zunimmt, welches in einem Unternehmen tatsächlich gelebt wird, im Vergleich zu jenem, das zu Marketingzwecken in Vision und Mission kommuniziert wird.

Unter der Voraussetzung, dass Organisationale Ambidextrie als die simultane und erfolgreiche Präsenz von Exploration und Exploitation in einem Unternehmen gesehen wird, sind mit der Umsetzung des New Venture Frameworks alle Kriterien für Organisationale Ambidextrie erfüllt und alle Voraussetzungen geschaffen, um als Unternehmen gleichzeitig effizient, flexibel und disruptiv innovativ sein zu können.

Flow-Teams in Open Innovation

In immer dynamischeren Märkten ist die Zusammenarbeit über Unternehmensgrenzen hinaus unabdingbar.
Damit dies gelingt, müssen sich interne Mitarbeiter
und externe Partner geeignet miteinander austau-
schen. Flow-Teams bieten hierfür eine gute Grundlage
und stellen sich optimal auf ein agiles Umfeld ein.

In diesem Beitrag erfahren Sie:
- was sich hinter dem Flow-Ansatz verbirgt,
- inwiefern Flow-Teams wichtig für Open-Innovation-
  Projekte sein können,
- warum Ownership und Selbstorganisation zwei
  zentrale Merkmale dieser Teams sind.

ANDRÉ GRÖSSER

Reframing – das Verständnis von Know-how und Ressourcenverfügbarkeit

War es für Unternehmen im Zeitraum vor der Jahrtausendwende
noch üblich, Wissensträger an sich zu binden und sich nach außen zu
verschließen, hat sich dieses Bild seitdem drastisch geändert [1]. Die
digitale Vernetzung ist aus unserem Leben nicht mehr wegzudenken
[2]. Dies bedeutet auch, dass jede Organisation einfacher und schneller
auf Wissen zugreifen kann. Unternehmensgrenzen lassen sich nur noch
schwer ziehen. Viele Geschäftsmodelle sind ohne eine digitale Sym-
biose mehrerer Partner/Unternehmen nicht mehr zu tragen [3]. Trotz
dieser Möglichkeit sucht man in vielen Organisationen vergeblich nach
einem neuen Selbstverständnis, um Kompetenzträger miteinander
zu vernetzen und dadurch schneller und erfolgreicher Innovationen
zu etablieren. Dazu ist es notwendig, die bestehende Perspektive zu

ändern. Was bisher in Eigenarbeit und großen finanziellen Anstrengungen innerhalb eines Unternehmens entwickelt und umgesetzt wurde, kann in einem vernetzten Umfeld gemeinsam getragen werden. Das Verhältnis von Herausforderung und Fähigkeit ändert sich dramatisch. Indem die Kompetenzen mehrerer Partner verknüpft werden, lässt sich das Ungleichgewicht zwischen Fähigkeit und Herausforderung von *unlösbar* zu *lösbar* korrigieren. Das Verständnis, bestehende Strukturen innerhalb und außerhalb eines Unternehmens oder einer Industrie umzudeuten (Reframing), birgt damit ungeahnte Chancen. Wer hingegen nicht in der Lage ist, seinen bisherigen Blickwinkel auf Know-how und Ressourcenverfügbarkeit zu ändern, wird es zwangsläufig schwer haben, seine Position im Wettbewerb zu halten.

Der Flow-Ansatz und seine Bedeutung für Open Innovation

Innovation bedeutet Neuerung und geht mit Veränderung einher [4]. Sie birgt unterschiedliche große Herausforderungen für ein Unternehmen. Schumpeter erkannte schon früh, dass die mit Innovationen auftretenden Veränderungen oftmals negative Auswirkungen auf etablierte Strukturen in Unternehmen haben [4]. Er beschrieb diesen Zustand passend als »schöpferische Zerstörung«. Abweichungen von bekannten Mustern rufen bei Menschen bzw. Organisationen häufig Ängste hervor [5]. Resignation und Ablehnung sind die Folge. Es fehlt meist die Akzeptanz, bewusst Risiken einzugehen. Risiko sollte aber nicht gleich mit Angst in Verbindung gebracht werden. Vielmehr ist der Risikograd so zu dosieren, dass er herausfordernd wirkt, aber nicht unmöglich erscheint. Jeder hat damit bereits Erfahrungen gemacht, ob im Berufsleben, beim Sport oder bei Freizeitaktivitäten. Ausschlaggebend ist, dass das Risiko überschaubar und machbar wirkt. Dies wird deutlich, wenn man das oben schon erwähnte Reframing mit dem Open-Innovation-Gedanken in Verbindung bringt, dass Innovationen auch in Zusammenarbeit mit Know-how-Trägern außerhalb des Unternehmens entwickelt werden können [1]. Plötzlich kann auf neues Wissen und vielfältige Erfahrungen zugegriffen werden. Das eigentliche Risiko besteht zwar immer noch, doch der Blickwinkel verschiebt sich. Was vorher für unmöglich gehalten wurde, ist auf einmal herausfordernd, aber machbar. Schauen wir uns das genauer an.

Herausforderungen – das Zusammenspiel von Fähigkeit und Aufgabe

Flow beschreibt einen sehr intensiven Konzentrationszustand [6]. Der ungarische Psychologe Mihaly Csikszentmihalyi, auf den der Flow-Begriff zurückgeht, beobachtete dieses Phänomen zuerst bei Extremsportlern. Ihm fiel auf, dass diese Sportler bei der Ausübung ihrer Tätigkeit vollkommen damit verschmolzen. Diese Phase war so intensiv, dass viele dabei ihre Umgebung und das Gefühl für Zeit verloren. Dabei war es nicht ausschlaggebend, ob das Erreichen des Ziels mit einer besonderen Belohnung verknüpft war. Vielmehr war der innere Ansporn (auch intrinsische Motivation genannt) Auslöser für die Anstrengungen des Sportlers. Diesen hochkonzentrierten Zustand zu erreichen, ist nicht selbstverständlich. Nur wenn eine konstante Herausforderung sichergestellt ist, wird Flow entstehen und andauern.

Beispiel Skifahren

Denken Sie an Ihren letzten Winterurlaub. Je nachdem, wie viel Erfahrung Sie bereits beim Skifahren sammeln konnten, wählen Sie Ihre Abfahrt aus. Dabei verzichten Sie bewusst auf zu einfache Strecken und üben sich hier und da auch an riskanteren Abfahrten. Wenn Sie resümieren, werden Sie den meisten Spaß an Strecken gehabt haben, die Sie einerseits gefordert, andererseits aber nicht überanstrengt haben. Über die perfekte Abfahrt denken Sie wahrscheinlich noch sehr lange nach. Sie haben sich vollkommen eins gefühlt mit der Piste und vielleicht gar nicht gemerkt, dass die Abfahrt schon zu Ende war. Mit Sicherheit sind Sie gleich noch mal gefahren.

Das Beispiel zeigt, dass sich Herausforderung aus dem Zusammenspiel zwischen persönlicher Fähigkeit und Aufgabenstellung ergibt. Nur wenn beide Dimensionen ausgeglichen sind, kann Flow entstehen. Für einen erfahrenen Skifahrer wäre eine Piste für Kinder mit großer Wahrscheinlichkeit sehr langweilig und ihm würde nach kurzer Zeit der Spaß vergehen. Eine schwarze Piste ist wiederum für den Anfänger eine wahre Tortur. Seine Fähigkeiten reichen bei Weitem nicht aus, um steile Abfahrten und enge Pistenabschnitte fahren zu können. Er wird Angst bekommen und solche Pisten höchstwahrscheinlich meiden.

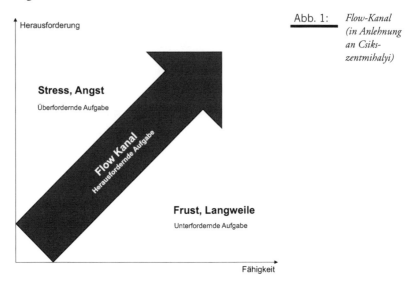

Abb. 1: *Flow-Kanal (in Anlehnung an Csikszentmihalyi)*

Bewegt man sich im »Toleranzband« aus persönlicher Fähigkeit und Aufgabenstellung, kann Flow wie folgt beschrieben werden (siehe Abb. 1) [6]:

1. *Jede Phase des Prozesses ist durch klare Ziele gekennzeichnet:* Geht eine Person in ihrer Tätigkeit auf, ist jederzeit klar, was sie gerade tut und was die nächsten Schritte sind.
2. *Man erhält ein unmittelbares Feedback für das eigene Handeln:* Befindet sich eine Person im Flow, bekommt sie zu jeder Zeit Rückmeldung über ihr Handeln.
3. *Aufgaben und Fähigkeiten befinden sich im Gleichgewicht:* Die Person spürt, dass ihre Fähigkeiten bzw. zur Verfügung stehenden Handlungsoptionen in Einklang mit den Aufgaben stehen.

4. *Handeln und Bewusstsein bilden eine Einheit:* Ist das Gleichgewicht zwischen Aufgabe und persönlicher Fähigkeit gegeben, kommen keine Zweifel über das eigene Handeln auf.
5. *Ablenkungen werden vom Bewusstsein ausgeschlossen:* Die hohe Fokussierung auf das Ziel blendet das Umfeld förmlich aus. Das Gefühl für das Hier und Jetzt geht verloren.
6. *Abwesenheit von Versagensängsten:* Das Einswerden mit der Aufgabe blendet Zweifel über mögliches Versagen aus. Mit Sicherheit besteht an gewissen Stellen das Risiko des Scheiterns. Der hohe Konzentrationsgrad lässt für solche Gedanken keinen Raum.
7. *Selbstvergessenheit:* Eine Person, die eine vollkommene Hingabe zur Aufgabe findet, verliert in diesem Zustand ihr Bewusstsein zu sich selbst. Diesen Zustand kann man als Sorgenfreiheit bezeichnen, denn Anforderungen aus dem sozialen Umfeld sind gleichgültig.
8. *Aufhebung des Zeitgefühls:* Während der Ausführung der Aufgabe ergibt sich ein anderes Zeitverständnis.
9. *Die Aktivität wird zum Selbstzweck (Autotelie):* Ist die Mehrzahl der oben genannten Anforderungen erfüllt, dann wird die Aufgabe um ihrer selbst willen verfolgt. Es bedarf weder eines konkreten Ziels noch einer Belohnung. Das Ziel ist die Tätigkeit an sich.

Warum ist Flow ein gewollter Zustand im Kontext von Open Innovation?

Mit Innovationen geht ein Unternehmen fast immer ein moderates bis großes Wagnis ein. Gerade radikale Innovationen, die große Auswirkungen auf bestehende interne und externe Strukturen haben, sind mit erheblichem Risiko und Unsicherheiten verbunden [4]. In den frühen Entwicklungsphasen sind Informationen nur spärlich vorhanden und die Erfolgswahrscheinlichkeit ist kaum abschätzbar. Durch die frühe Integration von externen Know-how- und Kompetenzträgern kann dem Risiko entgegengewirkt werden, wie Chesbrough in seinem Open-Innovation-Ansatz verdeutlicht [1]. Aber reichen die geschickte Verknüpfung von Wissensträgern und die Auslagerung von Prozessschritten aus, um Innovationen erfolgreich umzusetzen?

Kommen wir auf das Beispiel vom Skifahren zurück. Die Fähigkeit, eine rote Piste fahren zu *können,* ist die Voraussetzung, diese Abfahrt auch erfolgreich zu meistern. Sie motiviert uns aber nicht zwangsläufig, dies auch zu *tun.* Übertragen wir diese Überlegung auf die Arbeitswelt, stellen wir fest, dass zur Umsetzung von Innovationen Motivation der zentrale Faktor ist, auch wenn wir dazu fähig sind, die gestellte Aufgabe zu erledigen. Schauen wir uns im nächsten Schritt an, welche Voraussetzungen gegeben sein müssen, damit dieser Zustand intrinsischer Motivation erreicht werden kann.

Die Spielregeln festlegen

Im Sport helfen Regeln, um das Spiel zu strukturieren und festzulegen, was erlaubt ist und was nicht. Gleiches kennen Sie aus Ihrem Berufsleben. Es gibt klare Regeln für die Steuerung und Planung von Projekten. Für die Aufgaben in einem Entwicklungsprozess sind klare Rollen und Verantwortungen definiert, damit jeder Teilnehmer weiß [7]:

⇨ welche *Aufgaben* er in seiner Rolle zu erfüllen hat,
⇨ welche *Kompetenzen* er braucht, damit er diese Aufgabe erfolgreich durchführen kann,
⇨ welche *Verantwortungen* er für die Erfüllung trägt.

Ein solches Regelwerk hilft dabei, *die Dinge richtig zu tun.* Es garantiert ein effizientes Vorgehen.

Beispiel Theaterbesuch

Erinnern Sie sich an das letzte Theaterstück, das Sie besucht haben. Die Vorstellung war sicher hervorragend. Jeder Schauspieler füllte seine Rolle aus und gab dem Stück seine persönliche Note. Vielleicht haben Sie die gleiche Aufführung bereits woanders gesehen – mit einer anderen persönlichen Note des Regisseurs. Trotzdem ist der Verlauf der Geschichte immer gleich. Das legt der Text des Theaterstücks fest. Es wird kein anderes Ende geben, keine andere Handlung.

Das Beispiel lässt sich gut auf die Prozesslandschaft eines Unternehmens übertragen. Rollen und Verantwortungen sind klar definiert. Obwohl ein Projekt einmalig und zeitlich begrenzt ist, sind die auszuführenden Schritte meist reproduzierbar. Der Prozess formt das Rahmenwerk mit Gesetzmäßigkeiten und legt fest, wann welche Rolle die Prozessbühne betritt und wieder verlässt.

Wie sieht es aber aus, wenn die Geschichte bzw. das Drehbuch noch gar nicht existiert?

Hier wird es interessant. An welche Regeln und welches Gerüst hält man sich, wenn man vorher noch nicht weiß, was am Ende herauskommen soll? Stellen Sie sich vor, Sie entwickeln ein vollkommen neues Produkt oder etablieren einen neuen Geschäftsbereich. Hier entscheidet Effektivität – *die richtigen Dinge tun.*

Obwohl das Ergebnis und die Schritte dorthin unbekannt sind, ist es sinnvoll, ein Rahmenwerk zu setzen, indem sich das Team bewegen darf. Dabei ist es entscheidend, dass Sie den Spagat schaffen, Ziele festzulegen und gleichzeitig Freiräume für Zufälle zu lassen [8]. Bei der Formulierung der Projektziele helfen Ihnen die folgenden Hinweise weiter:

⇨ *Herausforderungen erzeugen:* Achten Sie bei der Formulierung des Rahmenwerkes auf die Ausgeglichenheit zwischen Aufgabenstellung und Fähigkeit des Teams. Dies betrifft auch die zeitliche Komponente. Formulieren Sie Ziele, die zeitlich und inhaltlich sportlich, aber nicht unmöglich sind. Das Team ist Ihnen dankbar, wenn die Bedeutung und Dringlichkeit in den Zielen deutlich wird.

⇨ *Formulieren Sie Ziele – keine Vorgehensweisen:* Je höher das Risiko und die Unsicherheit, desto eher können Sie die groben Ziele abstecken, aber nicht den Weg dahin definieren. Versuchen Sie, dies bei der Formulierung der Ziele zu beachten.

⇨ *Verantwortung übertragen:* Die Ziele sollen nicht nur helfen, den Rahmen abzustecken, in dem sich das Team bewegen darf. Vielmehr sollten Sie dem Team die Möglichkeit geben, den Weg dahin selbst zu bestimmen. Erlauben Sie Ihren Mitarbeitern die Freiheit, ihr Vorgehen selbst zu bestimmen.

Ein gut gestecktes Rahmenwerk an Zielen ist ein wesentlicher Bestandteil, um Flow zu erzeugen. Stecken Sie die Ziele aber zu eng ab, behindern Sie den Ablauf. Dazu ein weiterer Vergleich zum Sport.

Beispiel Tennis

Denken Sie an Ihr letztes Tennisspiel, das Sie gespielt oder geschaut haben. Jeder Spieler hat seine eigene Art und Strategie, das Spiel zu gestalten. Außer gelegentlichen Diskussionen, ob der Ball im Aus war oder nicht, haben Sie den Eindruck, dass alles flüssig abläuft.

Die Anzahl an Regeln beim Tennis ist überschaubar, und trotzdem – oder wahrscheinlich genau deshalb – funktioniert das Spiel. Die Akteure müssen nicht über jeden Schritt oder Schlag nachdenken. Sie wissen, was erlaubt ist und was nicht. Innerhalb dieses Rahmenwerks hat jeder Spieler den Freiraum, sein Spiel persönlich zu gestalten, um seine Ziele zu erreichen. Nichts anderes gilt auch für die Regeln und Ziele in einem Flow-Team.

Von Zustimmung zu Ownership

Egal, ob Sie ein Spin-off gründen oder einem interdisziplinären Team die Möglichkeit geben, sich um eine Herausforderung Gedanken zu machen, es braucht immer erst die Zustimmung der Teilnehmer. Konkret ist es die Akzeptanz der Ziele bzw. Zielvereinbarung durch das Team. Die Ziele werden vorher festgelegt und bilden das Rahmenwerk. Besonders in seriennahen Entwicklungsumfeldern geschieht dies in der Regel nicht, dort werden Mitarbeiter aus den einzelnen Fachbereichen den Projekten einfach zugewiesen.

Bei Projekten mit geringem Risiko ist dieses Verhalten nicht weniger entscheidend. Hier geht es darum, reproduzierbare Arbeitsschritte auszuführen, mit einer geringen Wahrscheinlichkeit des Scheiterns. Die Aufgabenpakete sind klar definiert und ausführbar. Die Projektleitung orientiert sich an einem Projektplan und vergleicht in regelmäßigen Abständen den Ist- mit dem Soll-Zustand, um in kritischen

Momenten an die nächsthöher gelegene Instanz zu eskalieren. In diesem Szenario ist es ausreichend, dass jeder Projektteilnehmer über den Aufgabenumfang informiert wird, diesen versteht und akzeptiert. Anschließend führt er die für ihn im Projektplan definierten Aufgaben aus und berichtet das Ergebnis an die Projektleitung. Hier ist der innere Ansporn für die Erledigung der Aufgabe selbst zweitrangig.

Was aber passiert bei risikoreichen Vorhaben, die nicht planbar und deren Erfolgswahrscheinlichkeiten nicht absehbar sind? Hier ist es entscheidend, das Team von der anfänglichen Akzeptanz zu Ownership zu bringen [9]. Mit Ownership wird der emotionale Zustand beschrieben, sich vollkommen mit der Aufgabe zu identifizieren und ihre Erfüllung mit voller Hingabe und Einsatz zu verfolgen.

Beispiel Ownership

Bei einem Kamerahersteller hatte ein junges Team aus eigenen Mitarbeitern und externen Experten die Aufgabe, ein neues Kamerakonzept zu entwickeln. Jedem Teammitglied wurde vorab die Zielvereinbarung präsentiert. Obwohl die Aufgabenstellung als sportlich anzusehen war, stimmte jeder zu, die Ziele in der gegebenen Zeit zu erfüllen. Während der Projektzeit entwickelte sich aus reiner Zustimmung für die Aufgabe Leidenschaft. Dies zeigte sich eines Abends, als der Arbeitstag eigentlich schon abgeschlossen war. Statt nach Hause zu fahren und ihren Feierabend zu genießen, bestanden die Mitglieder des Teams darauf, in entspannter Atmosphäre auf der Terrasse weiterzuarbeiten. Sie diskutierten angeregt über die Konzepte und zeichneten auf großen Papierbögen weiter.

Um Ownership zu entwickeln, braucht ein Team das richtige Rahmenwerk (Herausforderung, klare Ziele und Verantwortung) und die entsprechenden Freiräume zur Entfaltung. Die größte Gefahr, diesen Prozess zu unterdrücken, ist aber die Übertragung von Strukturen aus bekannten Prozessen. Man darf nicht vergessen, dass diese Prozesse irgendwann für ein anderes Ziel konzipiert wurden. Sie funktionieren zwar in ihrem Umfeld, lassen sich aber nur schwer oder unmöglich auf neue Gegebenheiten übertragen, ohne dass sie destruktiv wirken. Um sich optimal auf die Rahmenbedingungen einzustellen, die meist durch dynamische Einflussfaktoren gekennzeichnet sind, muss das Team eigene Strukturen und Prozesse entwickeln können. Dafür gilt:

⇨ *Gleichheit aller Teammitglieder:* Jedes Teammitglied hat zu Beginn den gleichen Stellenwert und unterscheidet sich nur durch sein Fachwissen und seine Kompetenz von den anderen. Rangebenen interessieren nicht.

⇨ *Vermeidung von vordefinierten Strukturen und Prozessen:* Ausgehend von den Zielen organisiert sich das Team um die Herausforderung herum selbst. Dadurch ist es in der Lage, sich optimal auszurichten.

Die Natur wendet diesen selbstorganisierten Anpassungsprozess (auch Synergetik genannt) schon seit Urzeiten an [10]. Denken Sie an Wasser. Bei Temperaturen über null Grad Celsius ist es flüssig. Fällt das Thermometer unter den Gefrierpunkt, ändert sich der Aggregatzustand und Wasser wird zu Eis. In diesem Beispiel stellt die Temperatur den äußeren Kontrollparameter des Systems Wasser dar. Je nachdem, wie sich dieser Parameter verändert, ändert sich entsprechend auch der Ordnungsparameter des Systems, also z. B. vom flüssigen zum festen Muster (oder umgekehrt). Das System erreicht somit einen neuen stabilen Zustand, der sich seiner Umwelt angepasst hat.

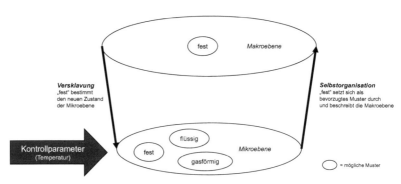

Abb. 2: *Selbstorganisation am Beispiel Wasser – Eis (Mikro-Makro-Ebene)*

Eine vergleichbare Selbstanpassung muss auch dem Team ermöglicht werden, damit es sich optimal auf das Rahmenwerk einstellen und Ownership entwickeln kann. Es lässt sich dabei nicht vermeiden, dass zu Beginn Instabilität im Team vorherrscht. Immerhin sind die meisten Teilnehmer es nicht gewohnt, eigene Regeln und Strukturen aufzubauen. Dieser Zustand stabilisiert sich jedoch mit der Zeit. Entscheidend dafür sind zwei Merkmale:

⇨ *Klare Abbruchkriterien definieren:* Es darf kein Zwang bestehen, Ownership zu entwickeln. Die Wahrscheinlichkeit ist zwar sehr hoch, gerade wenn die oben genannten Kriterien bereits erfüllt sind. Trotzdem muss die Entscheidungsgewalt beim Team liegen, das Vorhaben abbrechen zu können.

⇨ *Reflexion der Ergebnisse in regelmäßigen Abständen:* Auch wenn das Team sich zu Beginn finden muss, hilft die regelmäßige Fokussierung durch einen Expertenkreis. Dabei geht es bewusst um konstruktive Kritik zur Entwicklung eines stabilen Systems und nicht um eine Entscheidungsfindung über Abbruch oder Weiterführung.

In der Naturwissenschaft wird der Übergang eines instabilen Systems in eine neue Ordnung »Bifurkationspunkt« genannt [10]. Ist dieser Punkt überschritten, ändert sich der Zustand des Systems. Hier geht aus einer Menge von Mustern auf der Mikroebene des Systems eine neue Makroebene hervor, die die neue Ordnung des Systems beschreibt. Was dies für ein Flow-Team bedeutet, schauen wir uns im nächsten Abschnitt an.

Flow und Selbstorganisation

Bis hierher haben Sie die Anforderungen an die erfolgreiche Umsetzung von risikoreichen Innovationsvorhaben kennengelernt. Um richtig mit Risiken umgehen zu können, brauchen Sie ein Team, das die Ziele für herausfordernd, aber nicht für unmöglich ansieht. Damit haben Sie die Grundlage geschaffen, dass im Verlaufe des Projektes die Aufgabe vollkommen verinnerlicht und jedes Mitglied Teil der Aufgabe wird.

Bei einem hohen Risiko kann man den Weg zum Ziel zu Beginn meist nur erahnen. Dieser Tatsache tragen Sie Rechnung, indem Sie dem Team nur den gewünschten Rahmen für die Reise abstecken. Die Art und Weise, *wie* die Gruppe das Ziel erreicht, bleibt ihr überlassen. Sie erlauben dem Team, sich selbst zu organisieren. Abbildung 3 zeigt nochmals das Verhältnis aus Fähigkeit und Herausforderung, wie es am Anfang schematisch aussehen kann.

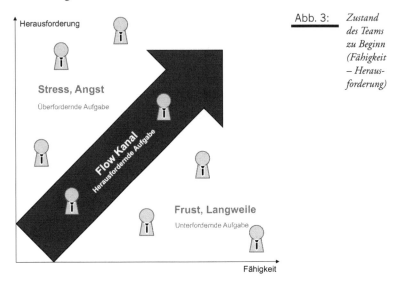

Abb. 3: *Zustand des Teams zu Beginn (Fähigkeit – Herausforderung)*

Sie werden feststellen, dass sich einige Teammitglieder bereits zu Beginn sehr wohl fühlen. Andere sind eher über- oder unterfordert und fühlen sich unwohl. Ob die Ziele in gegebener Zeit wirklich erreichbar sind, ist den meisten nicht klar. Unterstützt wird dieser Zustand meist dadurch, dass der Gruppe keine Richtung oder Struktur vorgegeben wird [11].

Wenn man die Ausgangssituation mit der Synergetik vergleicht, bestehen zu Beginn unterschiedliche mögliche Muster, von denen sich noch keins durchsetzen konnte.

Als externe Einflussgrößen (Kontrollparameter) können die Zeit zur Bearbeitung und die Ziele an sich gesehen werden. Der Handlungsfreiraum (Autonomie) des Teams ermöglicht die Dynamik. Schnell wird den Teilnehmern klar, dass die Ziele nur in enger Zusammenarbeit erreicht werden können. Denn jedes Teammitglied bringt Wissen und Erfahrungen aus unterschiedlichen Bereichen mit, die entscheidend für den Erfolg sind. Hat sich die Wahrnehmung dahingehend geändert, dass jeder eine Rolle im Flow-Team einnehmen kann, in der Fähigkeit und Herausforderung im Einklang stehen, verändert sich die Perspektive des Teams schlagartig [12]. Aus unlösbaren Hürden und einer instabilen Ausgangssituation wird schnell eine machbare Herausforderung und ein neues stabiles System etabliert sich (siehe Abb. 4).

In dieser Phase erhöhen sich die Effektivität und die Arbeitsgeschwindigkeit des Teams signifikant. Das Verständnis des Systems und der Aufgabe jedes Einzelnen befindet sich im optimalen Gleichgewicht, sodass Flow entstehen kann [8]. Das Vorgehen des Teams ist auf das Ziel fokussiert und verinnerlicht.

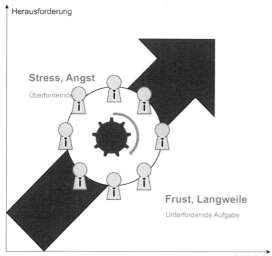

Abb. 4: *Zustand des Teams im Flow (Fähigkeit – Herausforderung)*

Implikationen für das Management

Um die Wettbewerbsfähigkeit zu sichern, kann sich ein Unternehmen heute nicht mehr nur auf seine eigenen Kernkompetenzen verlassen. Die gezielte Integration der richtigen Partner in die frühe Phase des Entwicklungsprozesses ist auschlaggebend. Damit kann ein Unternehmen externes Know-how integrieren, ohne es explizit aufbauen zu müssen. Gleichzeitig birgt dieses Vorgehen nicht nur Vorteile, sondern auch Herausforderungen. Komplexe Aufgaben treffen auf Teams mit sehr heterogenen Strukturen. Der Versuch, diese Dynamik durch feste Strukturen und Prozesse beherrschbar zu machen, scheitert häufig.

Anstatt Komplexität zu kontrollieren, liegt der Schlüssel im richtigen Umgang. Klare Rahmenwerke aus Zielen und hohe Freiheitgrade ohne festgeschriebene Strukturen ermöglichen es, die richtigen Strukturen und Prozesse agil zu entwickeln. Dazu ist es jedoch ausschlaggebend:

⇨ wenige klare Ziele zu definieren,

⇨ Autonomie zu gewähren,

⇨ Gestaltungsfreiraum zu schützen,

⇨ Verantwortung zu übertragen.

Entgegen seriennaher Entwicklungsprozesse ist in der frühen Phase nicht Effizienz das höchste Gut. Die Intention liegt vielmehr in der Risikominimierung und der Fokussierung auf die richtigen Dinge – Effektivität.

Vor diesem Hintergrund ist es die Aufgabe des Managements, die richtigen Ressourcen und Kompetenzen zu identifizieren, klare Ziele zu definieren und das Team den richtigen Weg finden zu lassen. Das Resultat sind intrinsisch motivierte Teammitglieder, die über ihre Ziele hinauswachsen. Aus anfänglicher Zustimmung zur Herausforderung werden schnell Leidenschaft und die Motivation an der Aufgabe selbst. Ist dieser Zustand erst erreicht, kann Flow entstehen.

Literatur

[1] CHESBROUGH, H. W.: *Open Innovation: The New Imperative for Creating and Profiting from Technology.* Boston: Harvard Business Review Press, 2006.

[2] OBERMANN, R.; HESS, TH.: *LIFE. [Online] September 2010. [Zitat vom: 13. Juli 2014.]* http://www.studie-life.de/wp-content/uploads/2011/11/studie-LIFE_digitales-leben.pdf.

[3] CLEMENS, R.; KRETSCHMER, T.: *LIFE. [Online] 2010. [Zitat vom: 13. 07 2014.] http://www.studie-life.de/wp-content/uploads/2011/11/Life-2-Vernetztes-Arbeiten.pdf.*

[4] SALOMO, S.; HAUSCHILDT, J.: *Innovationsmanagement. München: Franz Vahlen GmbH, 4. Auflage, 2007*

[5] SCHUMPETER, J.: *Theorie der wirtschaftlichen Entwicklung. Berlin: Duncker & Humblot, 2006*

[6] CSIKSZENTMIHALYI, M.: *Kreativität – Wie Sie das Unmögliche schaffen und Ihre Grenzen überwinden. Stuttgart: Klett-Cotta, 2010*

[7] KAROL, R.; NELSON, B.: *New Product Development for Dummies. Indianapolis: Wiley Publishing Inc., 2007*

[8] WÖRDENWEBER, B.; EGGERT, M.; SCHMITT, M.: *Verhaltensorientiertes Innovationsmanagement – Unternehmerisches Potenzial aktivieren. Berlin, Heidelberg: Springer Verlag, 2012*

[9] McDONOUGH III, E. F.; KAHN, K. B.; BARCZAK, G.: *An investigation of the use of global, virtual, and colocated new product development teams. In: Journal of Product Innovation Management. 2001, Bd. 2, S. 18*

[10] STRUNK, G.; SCHIEPEK, G.: *Systemische Psychologie – Einführung in die komplexen Grundlagen menschlichen Verhaltens. München: Elsevier GmbH, 2006*

[11] WÖRDENWEBER, B. ET AL.: *Technologie- und Innovationsmanagement im Unternehmen – Lean Innovation. Berlin: Springer Verlag, 2008*

[12] REVENSTORF, D. ET AL.: *Hypnotherapie. Expertise zur Beurteilung der wissenschaftlichen Evidenz des Psychotherapieverfahrens. Milton Erickson Gesellschaft für klinische Hypnose, 2003*

Zusammenfassung

Um die Wettbewerbsfähigkeit zu sichern, sind Unternehmen mehr denn je auf Kooperationen mit externen Partnern angewiesen. Dabei ist die gezielte Integration der richtigen Partner in die frühe Phase des Entwicklungsprozesses entscheidend. Dies gelingt durch klare Rahmenwerke aus Zielen und hohe Freiheitgrade ohne festgeschriebene Strukturen, damit die sich bildenden Teams adäquate Strukturen und Prozesse agil entwickeln können. Dazu sind vonseiten der Führung klare Ziele zu definieren, Autonomie zu gewähren, Gestaltungsfreiraum zu schützen und Verantwortung zu übertragen. Dieses Vorgehen bietet dem Team die Grundlage, sich selbst zu organisieren, und Ownership kann entstehen. Durch das optimale Zusammenspiel (Selbstverständnis) jedes Einzelnen im Team wird aus anfänglich unlösbar erscheinenden Hürden und einer instabilen Ausgangssituation schnell eine machbare Herausforderung und ein neues stabiles System kann sich entwickeln.

Im Zustand des Flow erhöhen sich die Effektivität und die Arbeitsgeschwindigkeit des Teams. Das Verständnis des Systems und der Aufgabe jedes Einzelnen befindet sich im optimalen Gleichgewicht, das Vorgehen des Teams ist auf das Ziel fokussiert und entsprechend verinnerlicht.

Innovation Culture – ein Erfahrungsbericht

Unternehmen, die besonders in Forschung und Entwicklung investieren, können durch ihre gesteigerte Innovationskraft im globalen Wettbewerb bestehen und mit neuen Innovationen am Markt punkten. Doch finanzielle Investitionen alleine machen noch keine geballte Innovationskraft aus.

In diesem Beitrag erfahren Sie:
- was die zentralen Aspekte einer nachhaltigen Innovationskultur sind,
- unter welchen Bedingungen im Unternehmen neue Ideen entstehen und als Innovationen im Markt hervorgehen,
- welche unternehmerische Stärke zur Quelle von Innovationen werden kann.

Ines Kähsmayer

Einleitung

Ich bin in der glücklichen Situation, mich seit vielen Jahren in einem hoch technologischen, herausfordernden, lehrreichen wie auch besonders interessanten beruflichen Umfeld entwickeln und weiterentwickeln zu können: in jenem der Automobilindustrie. Mein Weg dorthin begann bereits im Alter von 14 Jahren, als die Entscheidung anstand, welche höhere Schule ich absolvieren wollte. Eine Höhere Technische Lehranstalt war für mich am interessantesten. Da ich die Entscheidung für die Technik keineswegs bereute, folgte nach der Matura auch noch ein technisches Studium, wobei ich meine Diplomarbeit bereits in jenem für mich so interessanten Umfeld der Automobilindustrie schreiben konnte.

Es war eine Zeit, in der das Streben nach Innovationsführerschaft noch bei Weitem nicht so ausgeprägt war, wie dies heutzutage der Fall ist. Dass Innovationen für erfolgreiche Geschäftsabwicklungen wichtig und unabdingbar sind, war und ist selbstverständlich; mit welcher Strategie allerdings dieses Ziel verfolgt bzw. erreicht wird, ist von Unternehmen zu Unternehmen verschieden.

Der Magna-Konzern etwa, bei dem ich seit meiner Diplomarbeit tätig bin, konnte sich durch seine Maxime »A better product for a better price« zum weltweit am stärksten diversifizierten Automobilzulieferer entwickeln und auf diese Art und Weise den Markt »innovativ erobern«. Als ich 2007 dann die Chance erhielt, eine globale gruppenübergreifende Innovationsinitiative zu planen, aufzubauen und zu einem fixen Unternehmensbestandteil zu machen, wusste ich, eine neue Ära bricht an: »Being an 'Innovation Leader'«, lautete von nun an die Mission.

Diese große Veränderung ermöglicht es mir bis heute, wertvolle Erfahrungen darüber zu sammeln, was im Zusammenhang mit Innovation in bzw. für Unternehmen besonders entscheidend ist.

Innovationskultur als Fundament

Ein Unternehmen wird nicht von heute auf morgen zum Innovationsführer – erst die Schaffung einer entsprechenden Kultur ermöglicht »das Gedeihen« von Innovation. Wie eine derartige Kultur aufgebaut und gestaltet werden kann bzw. was im Einzelnen dazu beiträgt, möchte ich anhand eigener Erfahrungswerte im Folgenden näher erläutern.

Management Commitment

Wichtigster Aspekt in diesem Kontext ist das Commitment des Managements. Nur wenn die Unternehmensführung zu 100 Prozent dahinter steht, kann eine entsprechende Kultur geschaffen werden. Dies kann sich beispielsweise in der Vision und Mission des Unternehmens widerspiegeln oder auch durch Leadership Messages aufgezeigt und unterstrichen werden. Jedes Unternehmen muss hier das für sich passende »Setup« finden. Erst wenn die Mitarbeiter erkennen, dass die

Unternehmensspitze es ernst meint, lassen sich weitere kulturförderliche Maßnahmen ergreifen und erfolgreich umsetzen.

Die richtigen Mitarbeiter

Natürlich stellen auch die Mitarbeiter einen wesentlichen Faktor im Zusammenhang mit der Innovationskultur eines Unternehmens dar. Wenn es den Führungskräften eines Unternehmens gelingt, Neugier, Leidenschaft und Interesse bei den Mitarbeitern zu wecken, entwickelt sich der kreative Geist fast wie von selbst. Diese Aspekte lediglich zu wecken, reicht aber auf Dauer nicht aus. Vielmehr ist der Erfindergeist jedes Einzelnen zu fördern und zu fordern, was eine besondere Herausforderung darstellt und höchster Führungsqualitäten bedarf. An dieser Stelle wird auch nochmals die Bedeutung des Management Commitment sichtbar, denn: »In dir muss brennen, was du in anderen entzünden willst« [1]. Wenn die Mitarbeiter für ihre Aufgaben »brennen«, sind der Kreativität keine Grenzen gesetzt.

Eine »gemeinsame Sprache« sprechen

Ein gemeinsames Verständnis von »Innovation« ist ebenfalls eine Grundvoraussetzung zur Schaffung einer nachhaltigen Kultur. Global agierende Unternehmen, die weltweit Forschung und Entwicklung betreiben, sind durch unterschiedlichste Kulturen und Entwicklungen auf Basis der jeweiligen Sozialisierung ihrer Mitarbeiter geprägt. Dass hier nicht von Haus aus ein gleiches Innovationsverständnis vorliegen kann, ist leicht nachvollziehbar. Umso wichtiger ist es daher, in diesem Zusammenhang eine »gemeinsame Sprache« zu entwickeln. Nur wenn jeder Einzelne verinnerlicht hat, was »Innovation« für das Unternehmen bedeutet, kann entsprechende Kreativität fließen und langfristig die Innovationskraft gestärkt werden.

Verstehen die Mitarbeiter unter »Innovation« beispielsweise lediglich das Kreieren neuer Ideen bzw. Impulse, werden sie sich bezüglich der Industrialisierung keine weiteren Gedanken machen. Zielt jedoch das gemeinsame Verständnis darauf, dass »Innovation« sowohl die Erfindung als auch die Kommerzialisierung meint, werden auch die Mitarbeiter unter diesem Credo Ideen entwickeln und sich Gedanken darüber machen, wie diese Ideen einen erfolgreichen Markteintritt schaffen können.

Wertschätzung, Awards, Auszeichnungen

Neugier, Leidenschaft und Interesse bei den Mitarbeitern zu wecken, ist eine Sache. Aber dieses »Brennen« aufrechtzuerhalten, ist ein weiterer wichtiger Aspekt. In den letzten Jahren konnte ich beobachten, wie essenziell Wertschätzung, Respekt und Anerkennung auch in diesem Kontext sind, wobei hier die intrinsische Motivation eine weit größere Rolle spielt, als vielleicht zu vermuten wäre.

Für Mitarbeiter, die ihre Aufgabe(n) »lieben« und mit entsprechender Passion betreiben, stellen extrinsische Faktoren lediglich eine »nette« Begleiterscheinung dar. Die wirkliche Motivation aber resultiert aus ganz anderen Gegebenheiten. Diese »passionierten Mitarbeiter« wollen beispielsweise die (Weiter)Entwicklung und erfolgreiche Umsetzung ihrer Ideen miterleben. Sie streben auch danach, diese Ideen entsprechend »gewichtigen« Personen vorzustellen bzw. zu präsentieren, um gemeinsam das Potenzial und mögliche nächste Schritte diskutieren zu können. Wertschätzung in der Form, dass sich die Führungskraft persönlich Zeit nimmt für den Mitarbeiter, stellt hier einen besonderen Motivationsfaktor dar. Auch etwaige Veröffentlichungen über die Ehrung bzw. Auszeichnung von Mitarbeitern für innovative Ideen bzw. Erfindungen können wesentlich zur Erhöhung der Motivation beitragen. Das Inter- oder Intranet, Unternehmenszeitschriften bzw. -zeitungen, Mitarbeiterveranstaltungen oder -präsentationen seien in diesem Zusammenhang als geeignete Beispiele genannt. Auch entsprechende interne oder externe Innovation Awards können höchst motivierend wirken und Wertschätzung und Anerkennung für die Mitarbeiter zum Ausdruck bringen.

Innovationsförderliche IT-Infrastruktur

Damit der kreative Geist der Mitarbeiter auch im Umgang mit Ideen (Übermittlung, Bewertung, Diskussion, Weiterentwicklung etc.) entsprechend gefördert und unterstützt wird, empfiehlt sich die Gestaltung einer effizienten, global lebbaren IT-Infrastruktur. Wenn der tägliche Umgang mit Ideen einer besonderen »Bedienfreundlichkeit« unterliegt, kann dies ein erheblicher Beitrag für die Wettbewerbsfähigkeit eines Unternehmens sein. Denn eine einfache, aber effiziente Handhabung von Ideen in den unterschiedlichsten Phasen ermöglicht auch ein schnelleres Vorantreiben oder falls notwendig Stoppen dieser, wodurch sich wiederum Vorlauf- bzw. Produkteinführungszeiten verkürzen lassen.

Auch gruppendynamische Effekte lassen sich mithilfe einer innovationsförderlichen IT-Infrastruktur besonders positiv nutzen. Denken Sie beispielsweise an das Diskutieren von Ideen bzw. Ideenimpulsen. Häufig stammt das Ergebnis kreativer Arbeit nicht von einer einzelnen Person – vielmehr liefert gerade der Austausch und die Diskussion zwischen mehreren Beteiligten oft höchst innovative neue Ansätze, die letztlich zu einem Wettbewerbsvorteil für ein Unternehmen beitragen können.

Natürlich spielt auch das Thema »Knowledge Management« in diesem Zusammenhang eine große Rolle. Sind wir der Handhabung und Wahrung von Wissen in Form von beispielsweise Ideen nicht Herr, ist langfristig die Innovationsfähigkeit eines Unternehmens gefährdet.

Die ideale innovationsförderliche Infrastruktur hat jedes Unternehmen letztlich für sich zu gestalten, denn je nach verankerter Unternehmenskultur bis hin zum Alter der Mitarbeiter beeinflussen viele unternehmensspezifische Faktoren diese Ausgestaltung.

Innovationsprozess

Auch wenn wir uns im Bereich des »Kreativen« bewegen, lässt sich eine nachhaltige Innovationskultur nicht ganz ohne einen entsprechend verankerten bzw. etablierten und gelebten Innovationsprozess schaffen. Mitarbeiter sollen durch das Leben eines etablierten und nachhaltigen Prozesses in ihrer kreativen Arbeit unterstützt werden; zudem wirkt sich ein effizienter, gelebter Prozess abermals entscheidend auf die Durchlaufzeiten, aber auch auf die Qualität von Ideen bzw. Entwicklungen aus, was langfristig wiederum die Wettbewerbsfähigkeit des Unternehmens stärkt.

Klassisch finden sich in diesem Kontext Stage-Gate®-Prozesse. Doch besonders in der Phase 0, der sogenannten Ideengenerierungsphase, empfiehlt sich eine unternehmensspezifische Gestaltung unter Berücksichtigung aller für das Unternehmen wesentlichen Rahmenbedingungen. Beispielsweise gilt es zu beachten:

⇨ ob das Unternehmen zentral oder dezentral organisiert ist,
⇨ wie die internen Innovations- bzw. Produktentwicklungsprozesse gestaltet sind,
⇨ ob in Phase 0 mit externen Partnern zusammengearbeitet wird,
⇨ welche Strategien im Hinblick auf das geistige Eigentum (»Intellectual Property«) verfolgt werden,
⇨ ob und wie Kundenaspekte in Phase 0 einfließen usw.

Ferner empfiehlt sich eine regelmäßige kritische Betrachtung und Hinterfragung des gesamten Prozesses bzw. der einzelnen Prozessphasen, da aufgrund von Erfahrungen oder auch diverser Umwelteinflüsse (z. B. Organisationsveränderungen) Korrekturen bzw. Veränderungen sinnvoll oder notwendig werden.

Innovationspartner bzw. -netzwerke

In der heutigen Zeit wird es immer populärer, Innovationspartnerschaften einzugehen oder sogenannten Innovationsnetzwerken beizutreten. Denn: Sowohl Partnerschaften als auch Netzwerke können – eine entsprechende Unternehmenskultur vorausgesetzt – ebenfalls

76

einen wesentlichen Beitrag zur Steigerung der Innovations- und somit Wettbewerbsfähigkeit leisten.

Die große Herausforderung besteht in diesem Zusammenhang allerdings darin, zum Unternehmen passende Partner oder Netzwerke zu identifizieren. Sind die »richtigen« Partner ausgewählt – beginnend bei Forschungsinstituten, über Universitäten bis hin zu Start-ups oder Erfindern im klassischen Sinne –, gilt es, diese in den Innovationsprozess sowie die Innovationsstrategie zu integrieren, um so mittels externer Unterstützung das Innovationspotenzial optimal ausschöpfen zu können. Diversität sowie das Vermeiden von »Scheuklappen-Denken« stellen hier wesentliche Erfolgsmerkmale dar.

Da sich aber nicht alle Partner oder Netzwerke für alle Phasen bzw. Herausforderungen eignen und möglicherweise auch von Kundenseite manchmal nicht akzeptiert werden, bedarf es auch hier einer gewissen Reifung durch das Sammeln von Erfahrungen und Berücksichtigen gegebener Kundenwünsche. Sind jedoch adäquate Partner und Netzwerke gefunden und integriert, ist man den Mitbewerbern einen wesentlichen innovativen Schritt voraus.

Fördern und Fordern

Damit Unternehmen besondere Innovationsstärke an den Tag legen können, sollte der Erfindergeist der einzelnen Mitarbeiter – wie eingangs erwähnt – stets gefördert und gefordert werden.

Für die Umsetzung gibt es viele unterschiedliche, bekannte und weniger bekannte Möglichkeiten. Den Klassiker stellt der sogenannte Innovationsworkshop dar. Richtig ausgestaltet kann diese weitverbreitete und häufig angewandte Kreativitätsmethode einen wesentlichen Beitrag zur Förderung und Forderung leisten. Workshops lassen sich in kleinen Teams, innerhalb einer Abteilung oder etwa mit externen Beteiligten gestalten, wobei die kreative Einheit lediglich einige Stunden bis hin zu mehreren Tagen dauern kann – dem »Design« sind hier kaum Grenzen gesetzt. Wesentlicher Faktor beim Einsatz von Workshops ist allerdings die Erfüllung einer gewissen Erwartungshaltung der beteiligten Personen. »Weniger« ist hier oft mehr. Beispielsweise können zu viele, in den Workshop integrierte Impulsvorträge o. ä. die Teilnehmer in ihrer »Kreativzeit« einschränken, die sie jedoch zum Generieren neuer Ideen unbedingt benötigen.

Auch das »sichtbare« Weiterarbeiten an den Ergebnissen (kreativen Impulsen bzw. Ideen) ist entscheidend für eine langfristig erfolgreiche Etablierung dieser Methode, die wiederum zur Schaffung bzw. Förderung einer unternehmenseigenen Innovationskultur beiträgt.

Einen weiteren Ansatzpunkt stellt die Gestaltung des tagtäglichen Umfeldes der Mitarbeiter dar. Begonnen bei den einzelnen Büroräumen, über Besprechungszimmer bis hin zur Kantine oder Cafeteria – deren Design sowie die Verfügbarkeit oder das indirekte Wahrnehmen bestimmter Gegebenheiten entscheiden über mehr oder eben weniger Kreativität. So dienen unterschiedliche Farben, Stile, Materialien, Fotos/Bilder/Plakate/Poster, ausgestellte Objekte, lounge-artige Tee- oder Kaffeeküchen mit Flipcharts/Grafikboards etc., Pflanzen bzw. begrünte Flächen/Areale und noch vieles mehr als wertvoller Kreativitäts-Support.

Darüber hinaus kann das Unternehmen bzw. das Management sogenannte Innovationsfelder definieren und manifestieren, die ein besonderes Potenzial für zukünftige Innovationen erwarten lassen. Diese klar festgelegten Bereiche helfen den Mitarbeitern ebenfalls bei der Entwicklung von Ideen, da sie aufzeigen, in welchen Themenfeldern das Unternehmen wesentliche Zukunftschancen sieht. Die Mitarbeiter können dadurch fokussiert an neuen Ideen zu speziell diesen Feldern arbeiten. Ob sich ein Unternehmen einzig an derartigen Innovationsfeldern orientiert oder auch Ideen und Impulse aus anderen, etwa für das Unternehmen ganz neuen Bereichen fördert und fordert, hängt von der individuellen Unternehmensstrategie und natürlich auch von der jeweiligen Unternehmenskultur ab.

Oftmals problematisch, aber von besonderer Bedeutung im Zusammenhang mit Kreativität ist der Faktor Zeit, und zwar Zeit zum »Spinnen von Ideen«. Eine Art der Kulturausprägung kann beispielsweise darin bestehen, Kreativzeit zu definieren, sodass den Mitarbeitern ein gewisser Anteil der Arbeitszeit für die Entwicklung von Ideen zur Verfügung steht. Da Mitarbeiter oft mit ihrem Alltagsgeschäft bereits mehr als ausgelastet sind, bleibt der zur Steigerung der Wettbewerbsfähigkeit notwendige kreative Input häufig aus. Es bedarf somit Arbeitszeitmodellen, die ein Kreativsein der Mitarbeiter gezielt forcieren, ohne dabei das Erreichen anderer zu erbringender Leistungen einzuschränken oder gar zu gefährden. Die Entwicklung bzw. das aktive »Leben« eines derartigen Modells ist jedenfalls hinsichtlich einer nachhaltigen Innovationskultur unabdingbar.

Die hier ausgewählten und aufgezeigten Beispiele sollen als Anregung dienen, wobei explizit darauf hingewiesen sei, dass in diesem Kontext stets jene Ansätze Anwendung finden sollten, die insbesondere zur Kultur des jeweiligen Unternehmens passen.

Innovationsmanagement

Je nach unternehmerischer Reife, Möglichkeit und/oder Strategie eines Unternehmens hinsichtlich Innovation wird diese Thematik auch auf unterschiedlichste Art und Weise »gemanagt«.

Von internen, entsprechend der Organisationsform integrierten Stabstellen oder Abteilungen für Innovationsmanagement bis hin zu in den Innovationsprozess bzw. das Unternehmen integrierten, externen Innovationsberatern lassen sich heutzutage vielfältigste Arten der Handhabung wiederfinden. Oft kommt auch eine Kombination der einzelnen Varianten zum Einsatz.

Einen wichtigen und nicht zu unterschätzenden Aspekt stellt hierbei das Thema Vertrauen dar (unabhängig davon, ob interne oder externe Innovationsmanager zum Einsatz kommen). Die Erfahrung zeigt, dass Mitarbeiter sich insbesondere dann kreativ einbringen bzw. Engagement zeigen, wenn sie Vertrauen in die Personen bzw. in den Prozess des Innovationsmanagements haben. Wird dieses Vertrauen missbraucht (etwa im Zuge des Screenings bzw. der Evaluierung von Ideen), kann dies vor allem langfristig gesehen gravierende Auswirkungen haben. Kreative Impulse und Ideen im täglichen Tun, das Mitwirken und Einbringen in Innovationsworkshops oder etwa zwischenmenschliche Harmonie sind bei fehlendem Vertrauen gefährdet.

Der richtige Zeitpunkt

Einen weiteren, besonders sensiblen Faktor möchte ich Ihnen nun darstellen und als Anregung mitgeben: »Nichts ist mächtiger als eine Idee, deren Zeit gekommen ist.« [2] Oder umgekehrt formuliert: Selbst die womöglich tollste Idee oder Erfindung wird sich als »Flop« oder nicht umsetzbar herausstellen, wenn sie zum »falschen« Zeitpunkt vorangetrieben wird, wobei »falscher Zeitpunkt« in diesem Zusammenhang vieles meinen kann.

Stellen Sie sich etwa vor, Sie bringen die innovativste Kaffeemaschine auf den Markt, die die Welt je gesehen hat; eine Maschine, die sich beispielsweise ohne jegliche Schalter, Knöpfe oder andere Bedienelemente steuern lässt; eine Maschine, die durch allerneueste Materialien und ein ganz außergewöhnliches Design besticht … Denken Sie, dass Ihnen hier ein erfolgreicher Markteintritt gelingen wird, wenn die Maschine derart »futuristisch« ist und bei der Entwicklung offensichtlich einige Technologiestufen übersprungen wurden? Technologiestufen, die ein Anwender jedoch zum »Erlernen«, »Vertraut machen« und langfristig »intuitiven Verinnerlichen« benötigt … Nein, aller Voraussicht nach steht hier eher ein Scheitern bevor, da die Innovation etwa den Anwender überfordert oder nicht den heute gängigen und bei den Kunden verinnerlichten Mustern (z. B. hinsichtlich Bedienung) entspricht.

Es gibt eine Reihe von Umwelteinflüssen, die den Faktor »richtiger Zeitpunkt« prägen. Die besondere Kunst liegt darin, diese (natürlich oft auch branchenspezifischen) Einflüsse entsprechend zu erfassen bzw. zu bedenken und für eine erfolgreiche Umsetzung einfließen zu lassen. So kann beispielsweise auch eine Technologie, die für ein Unternehmen komplett neues »Terrain« bzw. den Aufbau einer neuen Kompetenz bedeuten würde, nur zum richtigen Zeitpunkt, d. h. unter

Berücksichtigung entsprechender Rahmenbedingungen zum Erfolg werden.

Innovation Challenges, »Crowd«, Cross Industry

Abschließend möchte ich mich einem Bereich widmen, der für die Zukunft noch großes Ausbaupotenzial verspricht. Die Begrifflichkeiten in diesem Kontext sind vielfältig, das Ziel dahinter jedoch klar bzw. eindeutig: »quergedachte« Innovationskraft.

Dass Innovation meistens nicht das Ergebnis eines einzigen, kreativen »Kopfes« ist und Innovationspartner bzw. -netzwerke hier eine wesentliche Rolle spielen, habe ich oben bereits erwähnt. In diesem Fall liegt der Schlüssel des Erfolgs allerdings explizit in der Interdisziplinarität! Diese mittels der richtigen Partner/Netzwerke/Communities, gelebt in einer entsprechenden IT-Infrastruktur und verbunden mit einem strategisch durchdachten Marketing-/Recruiting-Konzept und/oder einem Innovationswettbewerb (z. B. Ideenaufruf via einer Community wie Xing, Facebook o. ä.) ermöglicht das Kreieren einzigartiger Ideen bzw. Impulse für zukünftige Innovationen.

Durch die unterschiedlichen Perspektiven der integrierten Personen (z. B. Kunden, Lieferanten, Wissenschaftler, Studenten usw.) können völlig neue Ansätze entstehen bzw. aufgezeigt werden, wobei das dabei freigesetzte kreative Potenzial dann je nach Bedarf berücksichtigt werden und im Idealfall Anwendung finden kann.

Quellenhinweis

[1]   Augustinus von Hippo *(römischer Philosoph und Kirchenlehrer)*

[2]   Victor Hugo *(französischer Schriftsteller)*

Zusammenfassung

Die in diesem Beitrag beschriebenen Inhalte sollen die wesentlichen Elemente einer nachhaltigen Innovationskultur – basierend auf Erfahrungswerten – aufzeigen. Eine theoretische Abhandlung der Thematik ist nicht das Ziel des Beitrages. Dies lässt sich zur Genüge in bereits Publiziertem wiederfinden. Jedes einzeln aufgezeigte Element – beginnend beim Management Commitment, über passionierte Mitarbeiter bis hin zur Cross-Industry-Innovation – spielt eine wichtige Rolle im Zusammenhang mit der Innovationskultur. Wie relevant, hängt dabei allerdings individuell vom jeweiligen Unternehmen ab.

Eines kann dennoch generell festgehalten werden: Finden die auf den vorherigen Seiten beschriebenen Aspekte Beachtung im Unternehmen, sind Sie auf dem besten Weg, eine nachhaltige Innovationskultur aufzubauen bzw. zu fördern und zu leben. Die Steigerung der Innovationskraft sowie das »einen Schritt voraus sein gegenüber der Konkurrenz« stellen dabei die wesentlichen Faktoren einer derartigen unternehmerischen Stärke dar.

Prozessinnovation

Erfolgsfaktoren für einen Ideation-Stage-Gate®-Prozess

Die Generierung und Auswahl von Ideen, kurz Ideation genannt, vollzieht sich in der Regel im sogenannten Fuzzy Front-End des Innovationsprozesses. Hier sehen Unternehmen vor allem die Notwendigkeit, die Maßnahmen des Innovationsmanagements durch höhere Strukturierung und Open Innovation zu verbessern.

In diesem Beitrag erfahren Sie:
- welche Erfolgsfaktoren die Ideengenerierung/-auswahl im Fuzzy Front-End beeinflussen,
- wie ein generischer Ideation-Stage-Gate®-Prozess definiert werden kann,
- welche entscheidende Rolle die Konzepte der Open Innovation dabei spielen.

MARTIN NEUMANN, ANDREAS RIEL

Einleitung

Unternehmen agieren heute in einem komplexen Umfeld gesättigter Märkte mit hohem Konkurrenzdruck und sich immer rascher ändernden Marktbedingungen. Unter solchen Voraussetzungen entscheiden Innovationen maßgeblich über Erfolg oder Misserfolg im Geschäftsleben. Um auch in Zukunft eine wichtige Rolle auf dem globalen Markt spielen zu können, ist es für Unternehmen unabdingbar, die innovative Kapazität zu erhöhen und sowohl Kundenbedürfnisse als auch Produktivität und Wettbewerbsfähigkeit in der Entwicklung neuer Produkte, Dienstleistungen oder Geschäftsmodelle zu berücksichtigen und richtig zu kombinieren.

Dies gilt insbesondere für Unternehmen, die ihren Wettbewerbsvorteil durch technologischen Vorsprung erzielen. Für diese Unternehmen spielt die Entwicklung neuer Technologien und deren Bedeutung auf dem Markt eine wichtige Rolle. Sie müssen daher ihre beschränkten Ressourcen in solche innovativen Produktstrategien und Technologien kanalisieren, die ihr kontinuierliches Wachstum am besten gewährleisten.

Die Automobilindustrie gehört zu diesem technologiegetriebenen Sektor. Verstärkte Kundennachfrage nach Komfort, Sicherheit, Kraftstoffreduzierung etc. sowie der steigende internationale Wettbewerb und Umweltstandards bzw. gesetzliche Vorschriften sind die wichtigsten Treiber für Innovationen im Automobilbereich. Automobilhersteller (OEMs) und Zulieferer müssen offensiv mit diesem zunehmenden Innovationsdruck umgehen.

Für OEMs und Zulieferer sind daher Innovationsmanagementsysteme, die sich auf eine strukturierte Generierung von Ideen für kommerziell erfolgversprechende Produkte, Dienstleistungen oder Geschäftsmodelle fokussieren, von immer größerer Bedeutung. Somit muss das Innovationsmanagement eine gezielte *Ideengenerierung* und *Ideenauswahl* in den Mittelpunkt seiner Aktivitäten stellen, um den Neuproduktentwicklungsprozess zu unterstützen. Für diese zentrale Aufgabe soll hier der Begriff »Ideation« verwendet werden.

Das Unternehmen KSPG, ein global agierender Tier-1-Automobilzulieferer im Bereich Antriebsstrang, stand vor der Herausforderung, das Thema Ideation systematisch voranzutreiben [1] und die zum Beginn des gesamten Innovationsprozesses stehende undeutliche Phase – das »Fuzzy Front-End« – durch einen strukturierten Stage-Gate®-Prozess [2] zu beschreiben.

Herausforderung an das moderne Innovationsmanagement

Das Fuzzy Front-End des Innovationsprozesses

In der Literatur wird der gesamte Innovationsprozess in drei aufeinanderfolgende Phasen unterteilt:
1. Fuzzy Front-End,
2. Neuproduktentwicklung und
3. Kommerzialisierung [3].

Die Findung und Auswahl von Ideen erfolgt vorrangig in der frühen und oft unstrukturierten Phase des Fuzzy Front-End [4; 5]. Diese Phase zeichnet sich durch eine hohe Unsicherheit, Mehrdeutigkeit und Abhängigkeit von individuellen Einzelleistungen aus [6].

Ideation im Fuzzy Front-End ist eine äußerst schwierige Aufgabe für das Innovationsmanagement. Hier getroffene Entscheidungen bestimmen nicht nur das Ergebnis des Innovationsprozesses – namentlich die Innovationen –, sondern auch die anfallenden Kosten durch die benötigte Zeit und Ressourcen für die Durchführung des Prozesses. Ein effektives Management in der frühen Phase des Innovationsprozesses, d. h. die Qualität und Wirksamkeit der Methoden, um die »richtigen« Ideen im Fuzzy Front-End zu wählen, beeinflusst nachweislich den Erfolg der weiteren Prozessphasen und wurde in empirischen Studien belegt [7]. Trotz des breiten Konsenses über die Bedeutung des Fuzzy Front-End auf den gesamten Innovationserfolg fehlt vielen Unternehmen ein systematischer Ansatz, um die ersten Impulse bzw. Chancen für ein neues Produkt oder eine neue Dienstleistung in dieser Frühphase der Innovation zu managen [5; 7].

Die Integration von internen und externen Stakeholdern durch Open Innovation

Die grundlegenden Publikationen von Freeman [8; 9] ebneten den Weg des Stakeholder-Models in die allgemeine Managementliteratur. Gemäß Freemans Auffassung können Stakeholder als jede Gruppe oder Einzelperson verstanden werden, die die Zielerreichung einer Organisation beeinflussen kann bzw. von dieser betroffen ist.

In letzter Zeit hat der Stakeholder-Ansatz auch vermehrt Einzug in den Kontext von F&E und Innovationsmanagement gefunden [10; 11]. Die Grundidee hierbei ist, dass nicht nur eine Gruppe von Stakeholdern für Innovationen verantwortlich ist, sondern auch andere Stakeholder aus dem Unternehmensumfeld in den Innovationsprozess involviert werden und aktiv teilnehmen sollen. Deshalb ist es für das Innovationsmanagement immens wichtig, potenziell innovative Akteure innerhalb, aber auch außerhalb der Organisation zu identifizieren.

Diese Einbeziehung von externen Stakeholdern in das Innovationsmanagement ist auch die Kerneigenschaft von Open-Innovation-Strategien, die ursprünglich im Jahr 2003 von Chesbrough geprägt wurden [12]. Sowohl interne als auch externe Ideen werden verwendet, um Werte für das Unternehmen zu schaffen. Open Innovation geht davon aus, dass interne Ideen auch durch externe Kanäle, die nichts mit der derzeitigen Organisation zu tun haben, in den Markt gebracht werden können, um so dem Unternehmen einen Mehrwert über das herkömmliche Geschäft hinaus zu schaffen. Ferner lassen sich Ideen auch außerhalb der unternehmensinternen Entwicklung starten und dann in das Unternehmen integrieren.

Forschungsergebnisse und Best Practices zeigen, dass die Integration von internen und externen Stakeholdern die Entwicklung und Effektivität von technischen Innovationen in Unternehmen steigern kann [13]. Dieser Aspekt eines sich öffnenden Innovationsprozesses muss in Zukunft vom Innovationsmanagement mehr und mehr – auch schon innerhalb des Fuzzy Front-End – berücksichtigt werden [1; 14; 15; 16].

Lernen aus Theorie und Praxis

Dieser Beitrag zeigt eine strukturierte und prozessorientierte Herangehensweise, die die Quantität und Qualität der Ideen, die in kommerziell erfolgreiche Innovationen umgewandelt werden können, erhöht. Dabei ist es zunächst wichtig, Erfolgsfaktoren für die strukturierte Ideation zu definieren, die auf jeden Fall berücksichtigt werden müssen, um einen passenden Prozess zu gestalten.

Unsere zentrale Frage lautet: Ist es möglich, einen strukturierten Ansatz für das Fuzzy Front-End zu finden, der Ideation fördert, ohne jedoch die immanenten Merkmale der Ideengenerierung – d. h. Dynamik und Kreativität – außer Acht zu lassen? Und wie kann ein Unternehmen solch einen Ideation-Prozess erfolgreich in sein bestehendes Umfeld implementieren?

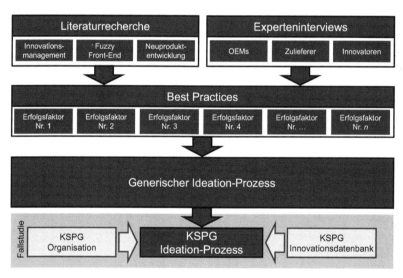

Abb. 1: *Aufbau der Forschungsmethode*

Diese allgemeinen Fragestellungen führen unweigerlich zu einer weiteren Herausforderung: Wie muss ein Unternehmen mit den Besonderheiten von Ideation umgehen, damit es in Zukunft sowohl effizienter als auch effektiver Innovationen hervorbringen kann, als ihm das heute vielleicht möglich ist?

Um diese Fragen – sowohl im Allgemeinen als auch mit Fokus auf die Anforderungen beim Automobilzulieferer KSPG im Speziellen – beantworten zu können, wurde eine Methodik gewählt, die theoretische Grundlagen mit Erfahrungen aus der Industrie verknüpft. Die wichtigsten Schritte hin zur Findung eines Ideation-Prozesses sind in Abbildung 1 dargestellt.

In einem ersten Schritt wurde eine umfangreiche Literaturrecherche zum derzeitigen Stand in den Forschungsdisziplinen Innovationsmanagement, Fuzzy Front-End und Neuproduktentwicklung durchgeführt. Die Ergebnisse bestätigten, dass auch neueste Studien nicht explizit einen klar definierten Ideation-Prozess bei der Strukturierung des Innovationsprozesses berücksichtigen [14]. Da eine allgemeingültige Prozessstruktur schwer in den verschiedenen, individuellen Unternehmenskontexten gelingen dürfte, haben Khurana und Rosenthal sogenannte Erfolgsfaktoren identifiziert, auf deren Basis eine unternehmensspezifische Neuproduktentwicklung gestaltet werden kann [5]. Doch auch bei diesen Ergebnissen der Erfolgsfaktorenforschung stand Ideation nicht im wissenschaftlichen Fokus.

In einem zweiten Schritt wurden Experteninterviews durchgeführt, um die bisherigen Erkenntnisse aus der Theorie mit Best Practices aus Unternehmen zu validieren und sinnvoll zu ergänzen. Da es nicht möglich und sinnvoll ist, eine unternehmensspezifische Best Practice in einer anderen Organisation identisch zu kopieren, wurde bei der Analyse darauf geachtet, universelle Erfolgsfaktoren zu extrahieren.

Insgesamt wurden Interviews mit Experten aus den Bereichen F&E sowie Innovationsmanagement der nachfolgenden drei Gruppen von Unternehmen durchgeführt:

⇨ vier weltweit operierende deutsche Automobilhersteller,
⇨ drei weltweit agierende deutsche Automobilzulieferer,
⇨ sechs weltweit anerkannte Non-Automotive-Innovationsführer.

Zusammenfassend kann gesagt werden, dass diese Experteninterviews sowohl unsere bisherigen Erkenntnisse aus der Literaturrecherche bestätigten als auch substanziell bereicherten.

Erfolgsfaktoren für einen strukturierten Ideation-Prozess

Auf Basis unserer Analyse konnten die folgenden sechs universellen unternehmens- und branchenunabhängigen Erfolgsfaktoren für erfolgreiche Ideation identifiziert werden:

1. Ideengenerierung fängt beim Top-Management an!

Ein Aufruf und klares Bekenntnis zur Ideengenerierung seitens des Top-Managements ist Grundvoraussetzung und muss für alle Mitarbeiter sichtbar sein. Alle Interviewpartner waren sich darin einig, dass das klare Bekenntnis seitens des Top-Managements eine unabdingbare Voraussetzung für die Umsetzung von Ideation-Aktivitäten und die hierfür benötigte Bereitstellung der Ressourcen darstellt.

2. Ideengenerierung braucht eine klare Fokussierung!

Die systematische Analyse der Gesamtsituation zur Identifikation von Handlungsfeldern steigert die Effektivität bei der Ideengenerierung. Insbesondere die befragten Experten aus der Automobilindustrie betonten dabei die Wichtigkeit einer Innovationsstrategie, die auf einer umfassenden Analyse der externen Marktbedingungen und internen Kompetenzen beruht. Nur mithilfe einer solchen Strategie ist es möglich, für alle am Ideation-Prozess beteiligten Akteure ein gemeinsames Ziel auszurufen.

3. Ideengenerierung findet in Netzwerken statt!

Die gezielte Einbindung von internen und externen Akteuren nach Prinzipien der Open Innovation erhöht das Innovationspotenzial und hilft, »Me-too-Innovationen« zu verhindern. Der Prozess der Ideation darf nicht allein auf den Schultern einer kleinen Kerngruppe von Entwicklern ruhen. Vielmehr müssen sich Unternehmen öffnen und bei der Ideengenerierung Netzwerke und externe Partnerschaften nutzen, um das mögliche Innovationspotenzial voll auszuschöpfen. Oder wie einer der Interviewpartner es treffend formulierte: »Kreativität entsteht aus vernetztem Arbeiten!«

4. Ideengenerierung verlangt nach Kreativität!

Die Förderung von Kreativität und deren Einbindung in die Unternehmensprozesse steigert die Qualität und Quantität der Ideen. Die Entwicklung von Ideen muss Bestandteil der Unternehmenskultur und täglichen Arbeit sein. Dies zeigten ganz klar die Best-Practice-Beispiele der untersuchten Innovationsführer. Deshalb müssen Unternehmen es schaffen, bei der Organisation der Ideengenerierung eine ausgewogene Mischung aus Flexibilität und geführter Fokussierung zu finden [17]. Das daraus resultierende Spannungsfeld zwischen Kreativität und Ressourceneffizienz bietet den Nährboden für die Entwicklung von neuen Produktideen [18].

5. Ideengenerierung erfordert Unternehmertum!

Der Wettbewerb von Ideen und ihre Vermarktung im Unternehmen fördert den Reifegrad und die Qualität der Ideen. Die Ideengeber müssen zu ihren Ideen stehen und diese im Unternehmen vermarkten. Nur wer die besten Ideen liefern kann, bekommt auch die Mittel für deren Umsetzung.

6. Ideengenerierung braucht organisatorische Orientierung!

Die Auswahl der Ideen muss mittels Entscheidungsprozesse mit transparenten Bewertungskriterien erfolgen, um die Umsetzung zielführender Ideen zu gewährleisten. Während dieser Auswahlphase müssen

Entscheidungen an alle in den Ideation-Prozess involvierten Akteure klar kommuniziert werden. Für die Interviewpartner – insbesondere für die Gruppe deutscher OEMs – ist eine nachvollziehbare Entscheidungsfindung wichtig.

Alle hier angeführten Erfolgsfaktoren tragen dazu bei, eine Organisationskultur in Richtung Open Innovation – also der verstärkten Einbindung von internen und externen Akteuren – zu schaffen und zu stärken. Zwischen den einzelnen Faktoren besteht eine klare logische Abhängigkeit. Dies kann als Indikator für deren Eignung und Konsistenz bewertet werden. So beeinflussen z. B. die Innovationsstrategie und die damit festgelegten Ziele (Erfolgsfaktor 2) die Ideenauswahl, die sich an dieser Ausrichtung des Unternehmens orientiert (Erfolgsfaktor 6).

Der generische Ideation-Stage-Gate®-Prozess

Mithilfe der Erfolgsfaktoren war es dann möglich, einen generischen Ideation-Stage-Gate-Prozess zu definieren, der die wesentlichen Prozessschritte für eine strukturierte Ideenfindung und -auswahl skizziert (siehe Abb. 2). Diese Verallgemeinerung soll helfen, eine Reproduktion des Prozesses in unterschiedlichen Organisationen und Unternehmen möglich zu machen [15].

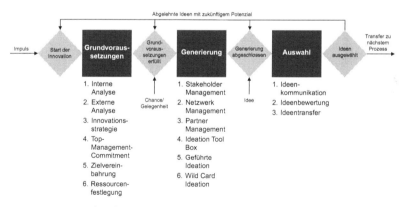

Abb. 2: *Generischer Ideation-Prozess*

Der Ideation-Prozess durchläuft die folgenden drei Prozessphasen:
1. Grundvoraussetzungen schaffen,
2. Ideen generieren und
3. Ideen auswählen [19].

Ein besonderes Hauptaugenmerk muss auf die erste Phase gelegt werden, da die hier festgelegten Parameter das Fundament für den späteren Erfolg des Prozessablaufes bilden. Die Ideengenerierungsphase folgt dem modernen Paradigma der Open Innovation und muss die Entwicklung von Ideen zu einem Maximum vorantreiben [16]. In der letzten Phase – der Ideenauswahl – ist es wichtig, eine Wettbewerbssituation zwischen den Ideen zu schaffen, um hierdurch deren Qualität zu steigern. Die abschließende Bewertung der Ideen muss für alle Mitarbeiter im Unternehmen transparent ablaufen.

Diese Strukturierung des Ideation-Prozesses erlaubt es, den Aufwand der Integration in eine bestehende Stage-Gate®-orientierte Prozesslandschaft – die die meisten Organisationen der westlichen Hemisphäre prägt – überschaubar zu machen.

Open Innovation bereichert den Ideation-Prozess

In vielen Unternehmen stellt das Innovationsmanagement eine isolierte Abteilung dar, die zumeist Schwierigkeiten damit hat, alle wichtigen internen und externen Stakeholder bereits in die Frühphase des Innovationsprozesses zu integrieren.

Daher besteht der erste wesentliche Schritt, um die Ideengenerierung und -auswahl zu fördern, darin, eine unternehmensweite Ideation-Funktion zu implementieren, die die umfassenden und komplexen Interaktionen zwischen den Unternehmensmitgliedern untereinander und deren Austausch mit Akteuren des unternehmerischen Umfelds organisiert. Diese Einbeziehung aller intern und extern Beteiligten, die Bildung von Netzwerken hinsichtlich gemeinsamer Ideation-Aktivitäten sowie der Schritt hin zur Öffnung des Ideation-Prozesses gegenüber externen Partnern – all das sind Maßnahmen, die positiv die Phasen »Ideen generieren« und »Ideen auswählen« des Ideation-Prozesses beeinflussen.

Das Management dieser Zusammenarbeit umfasst Aktivitäten wie z. B. die Einrichtung von Ideation-Netzwerken, nicht strategischer Erfahrungsaustausch und Integration sowie Strukturierung externen Know-hows. Definitionsgemäß führt Open Innovation zur Bildung solcher Netzwerke von Menschen, Unternehmen und anderen Arten von Organisationen. Verschiedene Arten von Initiativen sind typisch für solche Netzwerke, wie z. B.:

⇨ Beauftragung von Spezialisten,

⇨ Joint Ventures mit anderen Unternehmen,

⇨ gemeinsame Produktentwicklung mit Lieferanten,

⇨ Vergabe von Dienstleistungsaufträgen,

⇨ Lizenzierung von Technologien,

⇨ Partnerschaften mit Universitäten und Forschungsinstituten,

⇨ Teilnahme an verschiedensten Netzwerken, um Innovation zu koordinieren,

⇨ Einbeziehung von bestehenden und potenziellen Kunden in Ideen- und Feedback-Netzwerke sowie

⇨ Identifizierung von Trends anhand semantischer Analyse von sozialen Netzwerken als auch speziellen Wissensnetzwerken.

Indem man so das lineare Stage-Gate®-Model mit Aspekten der Interaktion aus dem Bereich der Open Innovation zur Entstehung von Wissen und zum gemeinsamen Lernen bereichert, wird sich die Innovationskraft des Unternehmens verbessern.

Wenn es um Produktinnovationen geht, dann sind jene Unternehmen am erfolgreichsten, deren Organisationsstrukturen die Entwicklung von Wissen durch formale Forschungs- und Entwicklungsprozesse fördern und Wissen auf Erfahrung, Praxis und Interaktion zwischen Mitarbeitern, Kunden und Lieferanten aufbauen [20]. Derartige Organisationsstrukturen weisen nach Jensen et al. [20] die nachfolgenden Merkmale auf:

⇨ Existenz von interdisziplinären Arbeitsgruppen,

⇨ Rollenverteilung aufgrund von Spezialwissen und Prozesse anstatt Abteilungszugehörigkeit,

⇨ flexible Abgrenzungen zwischen den Abteilungen,
⇨ Zusammenarbeit mit den Kunden.

Wer einen organisatorischen Rahmen etablieren möchte, der alle Stakeholder in die Ideengenerierungsphase einbindet und ihnen – gemäß ihrem entsprechenden Beitrag – auch eine Teilnahme an allen anderen Phasen des Ideation-Prozesses ermöglicht, muss somit Folgendes berücksichtigen:

⇨ die individuellen Interessen und Wertvorstellungen der einzelnen Stakeholder-Gruppen,
⇨ ihre besondere Rollen innerhalb der Organisation hinsichtlich des Ideation-Prozesses,
⇨ ihr spezielles Engagement am Ideation-Prozess sowie
⇨ Methoden und Tools, die angepasst werden müssen, um ihr Engagement zu unterstützen.

Um die Neuproduktentwicklung zu unterstützen und das Ziel einer erfolgreichen Ideengenerierung zu erreichen, muss der Ideation-Prozess auch externe Stakeholder einbeziehen. Mehrere Branchen, darunter die Automobilindustrie, befinden sich derzeit in einer Übergangsphase von der klassischen, sogenannten »geschlossenen« Innovationsorganisation hin zum neuen Paradigma der Open Innovation [21].

Transfer in den unternehmensspezifischen Kontext

Das allgemeine Prozessmodel wurde als Vorlage unter Berücksichtigung der unternehmensspezifischen Organisation, der Kultur, des Führungsstils, der Prozesse und der operativen Arbeitsmethoden verwendet, um einen auf KSPG zugeschnittenen Ideation-Prozess zu formulieren. Dieser konnte nahtlos in die bestehende Prozesslandschaft eingebunden werden.

Durch diese Vorgehensweise konnten KSPG schließlich Handlungsfelder im Bereich Ideation aufgezeigt werden. Mehr noch ließ sich daran anknüpfend ein praktischer Mehrwert durch die Einführung eines unternehmensspezifischen Ideation-Prozesses schaffen.

Der Ideation-Prozess von KSPG namens C^{3}IP – Call & Commit (Phase: Grundvoraussetzungen), Connect & Create (Phase: Generierung), Choose & Cancel (Phase: Auswahl) – folgt klar den Prozessregeln des Unternehmens, verwendet etablierte Darstellungsweisen sowie Bezeichnungen und konnte dem bisherigen Advanced Development Process vorangestellt werden. Der C^{3}IP stellt die Umsetzung des hier vorgestellten generischen Ideation-Prozesses unter der Berücksichtigung von KSPG-typischen Vorgehensweisen und Instrumenten dar. Eine effektive Maßnahme des Ideation-Prozesses ist die Initiierung von regelmäßigen internen KSPG Ideation Meetings [19].

Literatur

[1]   NEUMANN, M.; RIEL, A.; BRISSAUD, D.: *IT-supported innovation management in the auto-motive supplier industry to drive idea generation and leverage innovation. In: Journal of Soft-ware: Evolution and Process, Special Issue: Selected Industrial Experience papers of EuroSPI 2010, Vol. 25, Issue 4, 2013, S. 329–339; Artikel wurde zuerst online veröffentlicht: 17. November 2011, DOI: 10.1002/smr.578*

[2]   COOPER, R.G.: *Winning at New Products: Creating Value Through Innovation. 4. Auflage, Basic Books, New York, NY, 2011*

[3]   KOEN, P. A.; AJAMIAN, G. M.; BOYCE, S. ET AL.: *Fuzzy Front End: Effective Methods, Tools and Techniques. In: Bellivea, P.; Griffen, A.; Somermeyer, S. (Hrsg.), The PDMA ToolBook 1 for New Product Development, John Wiley & Sons. Inc., Hoboken, New Jersey, 2002, S. 5–35*

[4]   KHURANA, A.; ROSENTHAL, S.R.: *Integrating the Fuzzy Front End of New Product Development. In: Sloan Management Review, Vol. 38, No. 2, 1997, S. 103–120*

[5]   KHURANA, A.; ROSENTHAL, S. R.: *Towards Holistic «Front Ends" in New Product Develop-ment. In: Journal of Product Innovation Management, Vol. 15, Iss. 2, 1998, S. 57–74*

[6]   GLOBOCNIK, D.: *Front End Decision Making: Das Entstehen hochgradig neuer Innovations-vorhaben in Unternehmen, Gabler, Wiesbaden, 2011*

[7]   HERSTATT, C.; VERWORN, B. (HRSG.): *Management der frühen Innovationsphasen: Grundlagen – Methoden – Neue Ansätze, 2. Auflage, Gabler, Wiesbaden, 2007*

[8]   FREEMAN, R. E.: *Strategic Management: A Stakeholder Approach. Pitman, Boston, MA, 1984*

[9]   FREEMAN, R. E.: *The Stakeholder Approach Revisited. In: Zeitschrift für Wirtschafts- und Unternehmensethik (zfwu), Vol. 5, Iss. 3, 2004, S. 228–241*

[10] ELIAS, A. A.; CAVANA, R. Y.; JACKSON, L. S.: *Stakeholder analysis for R&D project management. In: R&D Management, Vol. 32, No. 4, 2002, S. 301–310*

[11] SMIRNOVA, M. M.; PODMETINA, D.; VÄÄTÄNEN J.; KOUCHTCH S. P.: *Key stakeholder's interaction as a factor of product innovation: the case of Russia. In: International Journal of Technology Marketing, Vol. 4, No. 2/3, 2009, S. 230–247*

[12] CHESBROUGH, H. W.: *Open Innovation: The New Imperative for Creating and Profiting from Technology. Harvard Business School Press, Boston, Massachusetts, 2003*

[13] SCHENG, Y.; TAO, R.: *The Influence of Stakeholders on Technology Innovation: A Case Study from China. In: Management of Innovation and Technology, 2006 IEEE International Conference on 21–23 June 2006, 2006, S. 295–299*

[14]   NEUMANN, M.; RIEL, A.; BRISSAUD, D.: *Sustainable innovation management in the automotive industry. In: Int. J. Technology Intelligence and Planning, Vol. 7, No. 4, 2011, S. 327–343*

[15]   NEUMANN, M.; RIEL, A.; BRISSAUD, D.: *Improvement of Innovation Management through the Enlargement of Idea Sources. In: O'Connor, R.; Pries-Heje, J.; Messnarz, R. (Hrsg.): Systems, Software and Services Process Improvement – 18th European Conference, EuroSPI 2011, Roskilde, Denmark, June 27–29, 2011, CCIS 172, Proceedings, S. 121–132, Springer-Verlag, Berlin Heidelberg 2011*

[16]   NEUMANN, M.; RIEL, A.; BRISSAUD, D.: *Improvement of Idea Generation by Capitalisation on Internal and External Stakeholders. In: Industrial Proceedings of the 18th EuroSPI Conference, Vol. 18, 2011, S. 3.25–3.33*

[17]   NAMBISAN, S.: *Designing Virtual Customer Environments for New Product Development: Toward a Theory. In: The Academy of Management Review, Vol. 27, No. 3, 2002, S. 392–413*

[18]   SANDMEIER, P.; JAMALI, J.: *Eine praktische Strukturierungs-Guideline für das Management der frühen Innovationsphase. In: Herstatt, C.; Verworn, B. (Hrsg.): Management der frühen Innovationsphasen: Grundlagen – Methoden – Neue Ansätze, 2nd edition, Gabler, Wiesbaden, 2007, S. 339–355*

[19]   NEUMANN, M.; RIEL, A.; ILI, S.; BRISSAUD, D.: *Towards an Ideation Process Applied to the Automotive Supplier Industry. In: Winkler, D.; O'Connor, R.; Messnarz, R. (Hrsg.): Systems, Software and Services Process Improvement – 19th European Conference, EuroSPI 2012, Vienna, Austria, June 25–27, 2012, CCIS 301, Proceedings, Springer-Verlag, Berlin Heidelberg, S. 229–240*

[20]   JENSEN, M. B.; JOHNSON, B.; LORENZ, E.; LUNDVALL, B. A.: *Forms of knowledge and modes of innovation. In: Research Policy, Vol. 36, No. 5, 2007, S. 680–693*

[21]   ILI, S.; ALBERS, A.; MILLER, S.: *Open innovation in the automotive industry. In: R&D Management, Vol. 40, Iss. 3, 2010, S. 246–255*

Zusammenfassung

Jede Innovation basiert auf einer Idee, deren Entstehung die Initialzündung nachfolgender Innovationsaktivitäten darstellt. Deshalb legt unsere Forschungsarbeit ihr Hauptaugenmerk auf den Ideation-Prozess im Fuzzy Front-End der Innovation sowie auf die strukturierte Organisation von internen und externen Ideation-Netzwerken mithilfe eines generischen Ideation-Stage-Gate®-Prozesses, der auch auf individuelle firmentypische Belange angepasst werden kann.

Durch eine Methodik, die Theorie und Praxis miteinander verbindet, lassen sich sechs wesentliche Erfolgsfaktoren für einen strukturierten Ideation-Prozess ermitteln. Die Berücksichtigung dieser Erfolgsfaktoren hilft bei der Schaffung und Stärkung einer Innovationskultur, die auf der konsequenten Einbindung von internen und externen Akteuren in den Innovationsprozess basiert.

Praxisnahes Konzept zur Anwendung der Technologie-Roadmap

Technologie-Roadmapping unterstützt das Management von F&E-Projekten. Theoretische Konzepte fokussieren eine meist technologiegetriebene Sichtweise. Für Innovationen ist aber die Verknüpfung mit marktrelevanten Trends wichtig. Ein Konzept aus der Praxis ergänzt die Technologie- mit einer Marktperspektive.

In diesem Beitrag erfahren Sie:
- theoretische Hintergründe zum Technologie-management in der Zulieferindustrie,
- wie das Technologie-Roadmapping markt-orientiert angewendet werden kann,
- welche Vorteile daraus für das operative Management von F&E-Projekten entstehen.

Wolfgang Langhoff, Markus Ernst

Hintergrund und Problemstellung

Innovationen manifestieren sich durch die erfolgreiche Vermarktung von Erfindungen, die durch einen gewissen Neuheitsgrad geprägt sind [1]. Das Spektrum reicht dabei von inkrementellen Verbesserungen über neue Produktgenerationen bis hin zu radikal neuen Produkten, die neue Märkte oder auch Geschäftsmodelle schaffen [2]. Innovationsaktivitäten werden nach wie vor als essentiell für die Wertsteigerung von Unternehmen betrachtet und in der heutigen Zeit als Ergebnis komplexer Rahmenbedingungen und dynamischer Prozesse angesehen [3]. Daraus ergibt sich für Unternehmen eine besondere Notwendigkeit, gesellschaftliche, branchenspezifische, aber auch im Moment noch branchenfremde Trends rechtzeitig zu erkennen und in Beziehung zur eigenen Geschäftstätigkeit zu setzen. Denn nur so können Unternehmen frühzeitig agieren, um langfristig im Zeitwettbewerb bestehen zu können [4].

Sowohl die Herstellung als auch die Funktionen der späteren Produkte sind allerdings erst durch den zielgerichteten Einsatz von Technologien und deren Anpassung auf den produktspezifischen Anwendungsfall realisierbar. Dabei gibt es keine einheitliche Definition des Technologiebegriffs – vielmehr wird darunter das immaterielle, anwendungsorientierte Wissen über Ursache-Wirkungs-Beziehungen verstanden, das auf wissenschaftlichen Theorien beruht und zur Lösung praktischer Probleme herangezogen wird [5].

Die wissenschaftliche Forschung hat in den vergangenen Jahren eine große Anzahl an Theorien und Konzepten zum effizienten Management von technologischen Entwicklungen hervorgebracht. Von herausragender Bedeutung ist auch hier vor allem die Verkürzung von Produktentwicklungszeiten, um eine frühe Markteinführung realisieren zu können [4]. Gerade die Automobil- und damit auch die Zulieferindustrie ist vor diesem Hintergrund darauf angewiesen, technologische Entwicklungen und deren Einflüsse auf die unternehmerischen F&E-Aktivitäten früh zu erkennen – besonders im Hinblick auf eine effiziente und zielgerichtete Ausgestaltung des Innovationsprozesses [6].

Demzufolge können Innovationen als das Ergebnis von unternehmerischen F&E-Aktivitäten angesehen werden. Neben diesem aktiven Management von Technologien im Unternehmen spielen vor allem Aktivitäten zur Erkennung technologischer Entwicklungen eine zentrale Rolle. Demnach wird intuitiv klar, dass neben dem Umgang mit technologischen Trends ein aktives Technologiemanagement untrennbar mit den Innovationsaktivitäten eines Unternehmens verbunden ist (vgl. z. B. [7]), indem »Technologie die Ausgangsbasis zur Entwicklung von Verfahren oder Produkten« ([8], S. 34) darstellt.

Neuere Arbeiten zum Technologiemanagement (vgl. z. B. [5]) versuchen, einen ganzheitlichen und fundierten Ansatz abzuleiten. Auf einer theoretischen Ebene gelingt dies zweifellos, jedoch besteht die Schwierigkeit für Unternehmen auch hier in der Hauptsache darin, aus den in der Theorie vorliegenden Konzepten einen operationalisierbaren Ansatz abzuleiten, der sich in der Praxis über Abteilungs- und Hierarchiegrenzen hinweg anwenden und nachvollziehen lässt und in der Lage ist, eine Managemententscheidung transparent und nachvollziehbar vorzubereiten. In der Praxis werden aber oft Aktivitäten zur Erkennung von Trends unabhängig von Aktivitäten des Technologiemanagements im eigentlichen Sinne durchgeführt. Somit führt dieses – übrigens auch in der Theorie zu beobachtende – Nebeneinander häufig zur Existenz von zwei verschiedenen »Informationsspeichern«, die jedoch im Sinne eines zielgerichteten Managements integrativ betrachtet werden müssten.

Der vorliegende Beitrag setzte genau an dieser Stelle an und stellt einen Ansatz vor, der durchgängig von der Trendanalyse bis hin zu einzelnen Projekten die Zusammenhänge darstellt und eine managementorientierte Entscheidungsunterstützung bietet.

Theoretischer Rahmen

Theoretische Arbeiten auf dem Gebiet des Technologiemanagements betrachten entweder technologieinduzierte Methoden und Tools, die auf ein wirksames Management der F&E abzielen, oder ordnen das Technologiemanagement als ganzheitliches Konzept der Gesamtführung des Unternehmens unter [9]. Dabei werden vor allem einzelne Betrachtungsperspektiven abgedeckt. Diese reichen von einer strategischen Implementierung über die Konzeption und Beschreibung von Prozessen bis hin zu einzelnen Fragestellungen zur Optimierung bestimmter isolierter Teilaspekte wie zum Beispiel der S-Kurve zur Abschätzung des Zeitpunktes eines Technologiewechsels [10]. Es finden sich aber auch Arbeiten, die einen ganzheitlichen Ansatz zu entwickeln versuchen und auf Ebene der managementorientierten Betrachtungsweise gute Ergebnisse liefern (vgl. z. B. [5]). Allerdings bieten solche Ansätze wenig Anhaltspunkte für eine operative Umsetzung. Darüber hinaus wird in diesem Kontext das Thema Trendmanagement – oder genauer – die Ableitung von konkreten Handlungsempfehlungen aus extern wirkenden Trends oftmals vernachlässigt.

Hinsichtlich des effizienten Managements von Technologien an sich sind in der Wissenschaft wie auch der unternehmerischen Praxis verschiedenste Modelle und Konzepte etabliert. Diese wurden theoretisch entwickelt, empirisch untersucht und weiter angepasst. Zu den bekanntesten Konzepten gehören sicherlich das sogenannte Technologie-Roadmapping, das Technologieportfolio nach Pfeiffer oder das S-Kurvenkonzept, um nur einige wenige zu nennen. Allerdings haben all diese Konzepte eines gemeinsam: Sie fokussieren jeweils nur eine bestimmte Facette des Technologiemanagements. Die Technologie-Roadmap erfasst die im Unternehmen bearbeiteten Technologien und versucht, Markt- bzw. Kundenanforderungen und die geplanten Produkte des Unternehmens aufeinander abzustimmen [11]. Jedoch stellt das Technologie-Roadmapping in seiner klassischen Form beispielsweise eine Momentaufnahme der Zusammenhänge zwischen Technologien und angestrebten Produkten dar. Eine durchgängige Verknüpfung mit Trends und operationalisierbaren Entscheidungen aus dem F&E-Management findet hierbei nicht statt. Das Technologieportfolio nach Pfeiffer hingegen leitet aus einem Status quo, der anhand einer unternehmensexternen und einer -internen Dimension ermittelt wird, in vier Kategorien Handlungsempfehlungen ab, die umso feingliedriger – gleichzeitig aber auch diskussionswürdiger – werden, je mehr zukünftige Entwicklungen antizipiert werden.

Neben solchen Ansätzen zum Technologiemanagement spielt aber – wie bereits dargestellt – auch die Früherkennung von Entwicklungen eine bedeutende Rolle für die Innovationstätigkeit. Forschungsarbeiten mit dieser Fokussierung sind in der Literatur unter Schlagworten wie Corporate Foresight, Technologievorausschau, Szenariotechnik oder auch Zukunftsforschung bekannt. Aber auch diese Ansätze sind vielfach nicht durchgängig bzw. operativ im F&E-Management anwendbar. Im Arbeitsgebiet der Zukunftsforschung beispielsweise wurden Konzepte und Datenspeicher entwickelt, die mithilfe verschiedener Methodiken versuchen, möglichst verlässlich zukünftige Entwicklungen abzuschätzen und auf die jeweils betreffende Branche herunterzubrechen. Die Übertragung dieser Ergebnisse und vor allem die Schlussfolgerung auf die eigene Geschäftstätigkeit bleiben dabei aber meist dem Management selbst überlassen.

Die Technologieplanung stellt den zentralen Aufgabenbereich des Technologiemanagements dar. Diese umfasst neben operativen Aufgaben vor allem auch eine strategische Komponente, die das Ziel hat, die dynamischen Entwicklungen in diesem Feld unter Berücksichtigung sowohl externer Rahmenbedingungen als auch interner Ressourcen zielgerichtet zu managen. Die Technologieplanung stellt also die Grundlage für Entscheidungen zur zukünftigen technologischen Ausrichtung des Unternehmens dar und repräsentiert damit die Operationalisierung der Strategie von technologischer Seite. Die zu erfüllenden Aufgaben können dabei in sieben Schritte eingeteilt werden, die teilweise in wechselseitiger Abhängigkeit mit der technologischen Komponente der Unternehmensstrategie stehen [12] (vgl. Abb. 1).

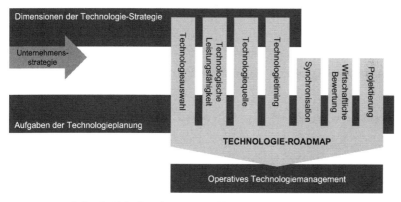

Abb. 1:   *Aufgaben der Technologieplanung (in Anlehnung an [12])*

Die Arbeit mit Technologie-Roadmaps an sich stellt ein kreatives Analyseverfahren dar, um die zukünftigen technologischen Entwicklungen des Unternehmens zu prognostizieren, zu analysieren und zu visualisieren [13]. Mit der Auswahl von konkreten Technologien leiten sich daraus dann die für die Umsetzung der Technologieplanung notwendigen operativen Tätigkeiten ab, die im Bereich F&E ausgeführt werden. Visualisiert werden die Tätigkeiten beispielsweise in der Technologie-Roadmap, die als Entscheidungsunterstützungsinstrument dient. Die

Roadmap stellt dabei einen Status quo dar und visualisiert die geplante Entwicklung, ohne dabei jedoch konkrete Handlungsempfehlungen zu geben.

Wie oben gezeigt wurde, liegt aber gerade hier eine Forschungslücke vor, denn es findet sich aktuell kein operational anwendbares Konzept, das einen integrierten Ansatz zur Abbildung und Operationalisierbarkeit beider Perspektiven aufweist und systematisch die aktuell identifizierten (Mega-)Trends mit aktuellen bzw. geplanten Projekten verknüpft. Im Folgenden wird ein Konzept vorgestellt, das versucht, einen entsprechenden Ansatz in der Praxis umzusetzen.

Beschreibung und Einordnung des Konzepts

Das hier vorgestellte Konzept zur Ableitung einer Technologie-Roadmap gliedert sich in zwei Teile: einen Bottom-up-Ansatz, in dem zunächst bei den laufenden und für das Geschäftsjahr geplanten Projekten begonnen wird. Daneben wird ein Top-down-Ansatz angewendet, der aktuell vorherrschende Megatrends auf konkrete Fokusthemen des Unternehmens herunterbricht. Anschließend werden beide Ebenen mit-

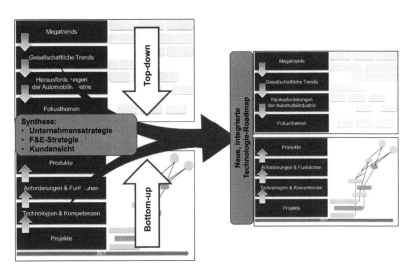

Abb. 2: *Schematische Darstellung des vorgestellten Ansatzes*

einander verknüpft, sodass die Technologie-Roadmap für den aktuellen sowie den kommenden Betrachtungszeitraum entsteht (vgl. Abb. 2).

Die Bottom-up-Ebene beginnt mit der Darstellung aktuell im Unternehmen abgewickelter bzw. geplanter Projekte. Diese Projekte werden auf einer Zeitschiene angeordnet, um deren Laufzeit einschließlich Beginn- und Endzeitpunkt grafisch zu visualisieren. Die Projekte werden dabei anhand ihrer Einordnung innerhalb des Innovationsprozesses farblich unterschieden (vgl. Abb. 3). Im nächsten Schritt findet die Ableitung der nächsthöher aggregierten Stufe statt.

Abb. 3:   *Erste Ebene – Darstellung von F&E-Projekten*

Basierend auf dem Prinzip »Technology is knowledge applied to products or production processes« ([7], S. 18) wird im Unterschied zu einigen, aus der Literatur bekannten Konzepten nicht direkt aus den Projekten auf zukünftige Produkte geschlossen. Auf der zweiten Ebene werden zunächst die aus technologischer wie auch strategischer Sicht relevanten Technologien und Kompetenzen aufgetragen. Technologien sind hierbei in Anlehnung an [9] verstanden als die Anwendung von »materiellen oder immateriellen Mitteln [um] bestimmte Wirkungen zu erzeugen« ([9], S. 2), also durch die Anwendung grundlegender Ursache-Wirkungsbeziehungen, die eine technische Nutzung ermöglichen. Demnach grenzen sich Technologien als Anwendung von Wissen in Produkten bzw. Produktionsprozessen [7] von Kompetenzen ab, die sich auf die konkrete Anwendung von Wissen beziehen [14]. Zur Bereitstellung von Technologien ist folglich die Verfügbarkeit von Kompetenzen und Ressourcen erfolgskritisch [15]. Dementsprechend werden auf der zweiten Ebene die Kompetenzen und Technologien dargestellt und logisch mit den durchgeführten F&E-Projekten verknüpft (vgl. Abb. 4).

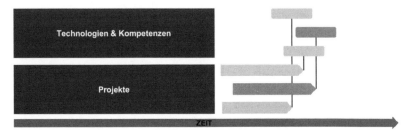

Abb. 4:   *Zweite Ebene – Verknüpfung mit Technologien und Kompetenzen*

Innerhalb des hier vorgestellten Konzepts werden Kompetenzen noch weiter in Basis- und Expertenkompetenzen unterschieden. Dies trägt der Tatsache Rechnung, dass Kompetenzen im Unternehmen erst mit der Zeit auf bestimmten Gebieten aufgebaut werden und nicht ad hoc zur Verfügung stehen. Zur Visualisierung wird im Rahmen der hier vorgestellten Roadmap unterstellt, dass eine Kompetenz nach Abschluss eines Projekts unmittelbar zur Verfügung steht. Dasselbe gilt für Technologien, denn mit Projektabschluss steht die Technologie – genau wie die aufgebauten Kompetenzen – im Unternehmen zur Verfügung und kann aus der F&E in andere Bereiche transferiert werden.

Die nächste Ebene des Konzepts stellt die Ebene der Funktionen und Anforderungen dar. Gerade in der Automobilzulieferindustrie stellen OEMs an die Produkte ihrer Lieferanten umfassende Anforderungen, die im Rahmen eines Pflichtenheftes konkretisiert werden. Diese sind vom jeweiligen Lieferanten zur erfolgreichen Berücksichtigung in der Angebotsphase zu erfüllen. Dazu werden in der Regel die jeweils im Unternehmen vorhandenen Kompetenzen genutzt, um genau diese Anforderungen zu erfüllen und im besten Fall noch zu übertreffen. Dabei ist es wesentlicher Bestandteil des Know-hows eines Lieferanten, bestimmte Sachverhalte zu beurteilen und Lösungen bzw. Umsetzungsvorschläge abzuleiten, wofür die zuvor während der Entwicklungsprojekte aufgebauten Kompetenzen die Basis bilden. Funktionen stellen daneben die Kerncharakteristika der zukünftigen Produkte dar, wie zum Beispiel »Leistung schalten« oder »Kontaktierung sicherstellen«.

108

Diese Funktionen werden üblicherweise mit den im Unternehmen zur Verfügung stehenden Technologien realisiert, also beispielsweise die Herstellung einer stoffschlüssigen Verbindung mittels Ultraschallschweißen.

Zeitlich stehen die Funktionen und Anforderungen mit etwas Verzug gegenüber den Kompetenzen und Technologien im Unternehmen zur Verfügung, da in den meisten Fällen zunächst einige Tests, Validierungen, Freigaben und nicht zuletzt Abstimmungen mit den Kunden bzw. den Vertriebseinheiten erforderlich sind (vgl. Abb. 5).

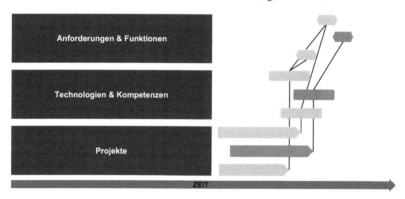

Abb. 5:   *Dritte Ebene – Anforderungen und Funktionen*

Die höchste Ebene im Bottom-up-Ansatz stellt die Produktebene dar. Hier werden die in Zukunft geplanten Produkte aufgelistet, zeitlich geordnet und mit den für die Herstellung und das Funktionieren der Produkte notwendigen Funktionen und Anforderungen verknüpft.

Zusammenfassend lässt sich die Kausalkette im ersten Teil des Konzepts wie folgt darstellen (vgl. Abb. 6): Im Unternehmen werden Projekte durchgeführt, die der Erschließung von Technologien und dem Aufbau von Kompetenzen dienen. Diese Technologien und Kompetenzen werden von den Mitarbeitern genutzt, um die Funktionen der späteren Produkte zu realisieren und die vom Kunden vorgegebenen Anforderungen zu erfüllen. Die Funktionen und Anforderungen schließlich werden in den Produkten implementiert, die sich dann an den Kunden verkaufen lassen und einen Kapitalfluss generieren.

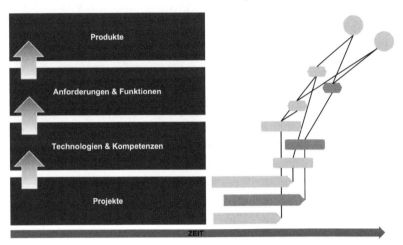

Abb. 6:   *Aufeinanderfolgende Darstellung der Bottom-up-Ebene*

Neben der vorgestellten internen Betrachtungsweise ist es auch die Aufgabe des Technologiemanagements, Entwicklungen außerhalb des Unternehmens kontinuierlich im Blick zu behalten, diese zu berücksichtigen und ggf. daraus eine Anpassung der eigenen Aktivitäten abzuleiten. Die Kenntnis aktuell vorherrschender Trends und die daraus abgeleitete Abschätzung der eigenen zukünftigen Leitlinien stellen gerade für das Management von Technologien eine wertvolle Ressource dar. Insbesondere die Antizipation von Trends einerseits und die Antizipation der Kundenakzeptanz andererseits sind wertvolle Inputgrößen, um die unternehmerischen Entscheidung für eine Fokussierung auf bestimmte Aktivitäten zu fundieren. Im Idealfall sollten alle Aktivitäten des Technologiemanagements in direkter Beziehung zu identifizierten Trends stehen, um eine langfristige Ausrichtung des Unternehmens an Marktanforderungen abzusichern. Dementsprechend wird das Konzept um eine zweite, unternehmensexterne Ebene erweitert.

Diese zweite Ebene, die Top-down-Ebene, startet mit der Auflistung aktuell in der Öffentlichkeit bzw. in der Literatur diskutierter Megatrends. Diese Trends werden zunächst gesammelt und dann zu Clustern zusammengefasst (vgl. Abb. 7), wie zum Beispiel »Informationstechnologie«, »Nachhaltigkeit« oder »Urbanisierung«. Eine zeitliche Einordnung der Trends findet zu diesem Zeitpunkt nicht statt, da Megatrends grundsätzlich länger wirken und sich nicht auf eine »Laufzeit« festlegen lassen [16]. Lediglich im Rahmen des nächsten Updates der Darstellung werden neue Quellen gescannt und dahingehend die Megatrends auf Aktualität hin überprüft.

Abb. 7: *Zusammenfassung von Megatrends*

Im zweiten Schritt werden diese Megatrends auf gesellschaftliche Trends heruntergebrochen. Hintergrund dieses Vorgehens ist zum einen die Tatsache, dass Megatrends sehr umfassend wirken, aber in ihrer konkreten Ausprägung meist schwer greifbar sind und die Auswirkungen auf Unternehmen nicht unmittelbar abgeleitet werden können. Zum anderen wirken Megatrends auf Unternehmen, Individuen, Regierungen etc., sodass auch hier eine Konkretisierung auf die Märkte des Unternehmens notwendig wird. Für die Automobil-Zulieferindustrie bedeutet dies, dass von den Nutzern des Endprodukts über die eigentlichen Kunden – die OEMs – auf das eigene Unternehmen geschlossen werden muss. Es wird demnach unterstellt, dass sich Megatrends immer durch die Gesellschaft auf die Automobilindustrie – und nicht direkt – auswirken. Aus diesem Grund werden innerhalb dieses Schritts die globalen und weit gefassten Megatrends zunächst auf Aspekte des gesellschaftlichen Zusammenlebens und der gesellschaftlichen Wertvorstellungen heruntergebrochen (vgl. Abb. 8). Beispielsweise könnte der Megatrend »Urbanisierung« zu einem gesellschaftlichen Trend zum »Carsharing« verzweigen.

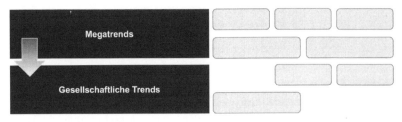

Abb. 8:   *Ableitung gesellschaftlicher Trends*

Diese gesellschaftlichen Trends werden dann weiter zu daraus resultierenden Herausforderungen in der Automobilindustrie ausdifferenziert. Es werden also die gesellschaftlichen Trends konkret auf automobile Problemstellungen bzw. Szenarien übertragen, wie zum Beispiel veränderte Nutzerpräferenzen, beispielsweise die Etablierung eines Umweltimages oder ein verändertes Mobilitätsverhalten durch den Trend zum Carsharing.

Im letzten Schritt der Top-down-Ebene werden schließlich aus den antizipierten Herausforderungen für die Automobilindustrie daraus resultierende, strategisch relevante Fokusthemen für das Unternehmen

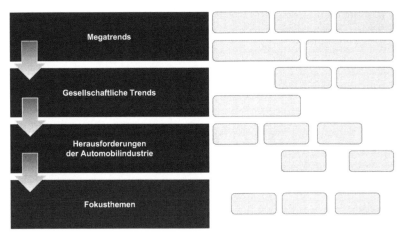

Abb. 9:   *Ableitung von unternehmensspezifischen Fokusthemen aus globalen Megatrends*

abgeleitet (vgl. Abb. 9). Ein solches Fokusthema könnte beispielsweise »Green Technologies« sein.

Nachdem diese beiden Ebenen dargestellt worden sind, erfolgt die Kombination der beiden Perspektiven. Die Top-down-Ebene schließt mit den strategischen Fokusthemen des Unternehmens, die Bottom-up-Ebene mit den geplanten neuen Produkten. Daneben spielt die strategische Ausrichtung des Unternehmens eine entscheidende Rolle, die sich in der aktuellen Projektlandschaft und den strategischen Zielsetzungen manifestiert, was in der Regel stringent aufeinander aufbaut. Die Zuordnung, ob die geplanten, aus den derzeitigen Aktivitäten resultierenden Produkte zu den anvisierten Fokusthemen des Unternehmens passen, erfolgt über mehrere Stufen: Zum einen wird eine Priorisierung sowie zeitliche Abstimmung der geplanten Produkte durch die Abfrage der Kundenperspektive abgesichert, zum anderen werden die geplanten Produkte den Fokusthemen zugeordnet und in Summe einem strategischen Review unterzogen.

Damit schließt der hier vorgestellte Ansatz die Forschungslücke hinsichtlich einer getrennten Betrachtung von unternehmensinterner sowie -externer Faktoren und bietet eine durchgängige Verknüpfung von Trends mit zukünftigen Produkten und aktuell abgewickelten Projekten. Durch die Zuordnung der Projekte und Produkte infolge der Positionierung auf der Zeitschiene wird daraus eine managementorientierte Entscheidungshilfe, die gegenseitige, zeitliche wie auch inhaltliche Abhängigkeiten visualisiert. Zudem können die verschiedenen Ebenen kontinuierlich fortgeschrieben und so an aktuelle Entwicklungen angepasst werden.

Unternehmerischer Nutzen und Fazit

Der Nutzen des hier vorgestellten Konzepts für Unternehmen betrifft mehrere Aspekte. Im Gegensatz zu klassischen Ansätzen, die meist auf die drei Ebenen Produkte, Produkttechnologien und Produktionstechnologien fokussieren [11], werden hier auf unternehmensinterner Betrachtungsperspektive vier Ebenen verwendet. Diese vier Ebenen brechen die Eigenschaften der zukünftigen Produkte konkreter herunter und zeigen differenziert die Einflussfaktoren auf das spätere Produkt auf. So wird es dem Management erleichtert, aktuelle Projekte zu managen und durch die Berücksichtigung von Kompetenzen und Technologien sowie von Funktionen und Anforderungen die für eine erfolgreiche Produktentwicklung notwendigen Zwischenschritte zu berücksichtigen.

Zentraler Bestandteil des Konzepts ist vor allem die Visualisierung der zeitlichen Abhängigkeiten. Durch die Darstellung entlang der Zeitachse lässt sich schnell erkennen, zu welchem Zeitpunkt welche Technologien und Kompetenzen vorhanden sein müssen bzw. zu welchem Zeitpunkt welche Funktionen und Anforderungen erfüllt werden müssen. Liegt ein Element auf einer unteren Ebene zeitlich hinter einem Element auf einer höher gelagerten Ebene, so wird intuitiv klar, dass an diesem Punkt Handlungsbedarf besteht und Projekte beschleunigt werden müssen, da sonst die Bereitstellung eines Produktes zu einem geplanten Zeitpunkt gefährdet ist. Umgekehrt können damit natürlich auch Puffer erkannt und Projekte zugunsten anderer, dringenderer Projekte nach hinten priorisiert werden.

Daneben gewährleistet das Konzept ebenso die Veranschaulichung inhaltlicher Abhängigkeiten, indem zum einen ersichtlich wird, welche Projekte zu welchem Ergebnis führen. Aus der Anzahl der Verbindungslinien wird darüber hinaus die Relevanz eines Projektes bzw. auf höheren Stufen die Bedeutung einer Kompetenz oder einer Technologie zur Erreichung der in Form von zukünftigen Produkten gesteckten Ziele ersichtlich. Besitzt eine Kompetenz bzw. Technologie beispielsweise viele Verbindungslinien zu höher gelagerten Funktionen bzw. Anforderungen, so besitzt diese im Vergleich zu einer Kompetenz bzw. Technologie mit nur einer Verbindungslinie eine Schlüsselrolle. Denn mit deren Erreichung werden gleich mehrere Ziele im Unternehmen erreicht. Umgekehrt wirkt sich eine Verzögerung bei Projekten, die zur Erschließung dieser einen Kompetenz bzw. Technologie notwendig sind, auf mehrere Produkte aus. Es wird also auf einen Blick klar, welche Projekte einen kritischen Pfad auf der Roadmap markieren.

Durch Analyse der Abhängigkeiten lassen sich auch Lücken in der bestehenden Roadmap aufzeigen, wenn entweder zu einer abgeleiteten Herausforderung in der Automobilindustrie keine Fokusthemen existieren oder wenn zu einem Fokusthema keine Produkte geplant sind, mit denen dieses abgedeckt werden kann. Auch unternehmensintern lassen sich Lücken erkennen, wenn beispielsweise für geplante Produkte, die aufgrund von identifizierten Fokusthemen erforderlich sind, keine oder nicht ausreichend Kompetenzen bzw. Technologien vorhanden sind, die zur Realisierung von im Produkt enthaltenen Funktionen bzw. Anforderungen erforderlich sind.

Dieser Ansatz folgt ferner dem Ziel der Technologieplanung – eine richtige Entscheidung hinsichtlich der Entwicklung von Technologien zu treffen – und schafft eine integrierte und durchgängige Perspektive. Wie in der Literatur gefordert, gelingt es mit diesem Ansatz, eine Planungsgrundlage zu erstellen, die auf den vorhandenen Informationen (beispielsweise den technologiestrategischen Vorgaben, dem definierten Produktprogramm, den technologischen Fähigkeiten und den Erkenntnissen aus der Technologiefrüherkennung) basiert und aufzeigt, »welche Technologien zu welchem Zweck und zu welchem Zeitpunkt im Unternehmen zum Einsatz kommen sollen« ([12], S. 172). Darüber hinaus gelingt es damit, eine durchgängige Analyse von den unternehmensexternen Megatrends bis hin zu konkreten Projekten zu visualisieren – inklusive der Veranschaulichung von gegenseitigen Abhängigkeiten.

Des Weiteren eignet sich der vorgestellte Ansatz aufgrund seiner eingängigen und bildlichen Darstellung zur Kommunikation der F&E-Strategie im Unternehmen, beispielsweise mit Vertriebsbereichen zur Unterstützung ihrer Planung. Auch der Einsatz dieser Darstellung zur Stimulierung von Ideenfindungsprozessen ist denkbar. Blendet man die unteren, operativ orientierten Ebenen aus oder setzt man die Zeitleiste weiter in die Zukunft, lässt sich auf Basis der Top-down-Ebene Raum für Ideen abseits bestehender Lösungen und mit Fokus auf neue Konzepte schaffen.

Damit das hier vorgestellte Konzept langfristig im Unternehmen eingesetzt werden kann, sind regelmäßig wiederkehrende Zyklen erforderlich. Während dieser Updateprozesse werden sowohl die Trendableitung und die Setzung der Fokusthemen einer Prüfung unterzogen als auch der aktuelle Projektstatus festgehalten. Dadurch findet regelmäßig eine Überprüfung der Technologie-Strategie und deren operativer Umsetzung statt und das Management der F&E-Projekte in ihrem Gesamtzusammenhang wird unterstützt. In der Gegenüberstellung von Roadmaps aus verschiedenen Jahren wird zudem der Gesamtfortschritt des Unternehmens deutlich und die Darstellung kann zu einer Zusammenstellung der im Unternehmen beherrschten Technologien und Kompetenzen genutzt werden – quasi als Visualisierung des unternehmerischen Kompetenzspeichers.

Abschließende Würdigung

Das im Rahmen dieses Beitrags beschriebene Konzept liefert eine praxistaugliche Visualisierung der Technologie-Strategie des Unternehmens. Zum einen werden bestehende Megatrends auf unternehmerische Fokusthemen heruntergebrochen, zum anderen wird die aktuelle Projektlandschaft innerhalb des Unternehmens in Beziehung zu geplanten Produkten gesetzt. Die dadurch ersichtlichen, gegenseitigen inhaltlichen wie auch zeitlichen Abhängigkeiten unterstützen den operativen ebenso wie den strategischen Technologie- und F&E-Managementprozess.

Allerdings sind im Unternehmen zur erfolgreichen Implementierung die regelmäßige Überarbeitung und die Kommunikation mit angrenzenden Bereichen zu beachten. Daneben bietet dieser Ansatz zwar die Möglichkeit, unternehmensexterne Trends, die die Rahmenbedingungen des Unternehmens beeinflussen, durchgängig mit den bearbeiteten Projekten zu verknüpfen. Allerdings werden keine normativen Entscheidungsalternativen vorgegeben. Die Interpretation und vor allem die Ableitung geeigneter Maßnahmen aus der Darstellung stellt eine ureigene Kompetenz des F&E-Managements dar und sollte immer in enger Abstimmung mit den strategischen Zielen des Unternehmens erfolgen.

116

Literatur

[1]   VOIGT, K.-I.: *Industrielles Management: Industriebetriebslehre aus Prozessorientierter Sicht.* Berlin [u. a.]: Springer, 2008

[2]   AHMED, P. K.; SHEPHERD, C. D.: *Innovation Management – Context, strategies, systems and processes.* Harlow, Munich [u. a.]: Prentice Hall, 2010

[3]   SCHLÄFFER, C.: *The Importance of Innovation Management at Deutsche Telekom – Technological Uncertainty and Open Innovation,* in: Arnold, H.; Erner, M.; Möckel, P.; Schläffer, C. (Hrsg.): *Applied Technology and Innovation Management – Insights and Experiences from an Industry-Leading Innovation Centre.* Berlin, Heidelberg: Springer, 2010, S. 1–4

[4]   VOIGT, K.-I.: *Strategien im Zeitwettbewerb – Optionen für Technologiemanagement und Marketing.* Wiesbaden: Gabler, 1998.

[5]   GERHARD, D.: *Essential Activities of an Integrated Technology Management Process – Conceptual Background and Selected Empirical Aspects.* München: Dr. Hut, 2010

[6]   VOIGT, K.-I.; WETTENGL, S.: *Innovationskooperationen im Zeitwettbewerb,* in: Engelhard, J.; Sinz, E. J.: *Kooperation im Wettbewerb – Neue Formen und Gestaltungskonzepte im Zeichen von Globalisierung und Informationstechnologie.* Wiesbaden: Gabler, 1999, S. 411–443

[7]   TROTT, P.: *Innovation Management and New Product Development.* Harlow [u. a.]: Prentice Hall, 2005

[8]   SCHUH, G.; KLAPPERT, S.; SCHUBERT, J.; NOLLAU, S.: *Grundlagen zum Technologiemanagement,* in: Schuh, G.; Klappert, S. (Hrsg.): *Technologiemanagement – Handbuch Produktion und Management 2.* Berlin, Heidelberg: Springer, 2011, S. 33–54

[9]   TSCHIRKY, H.: *Technologie-Management: Schliessung der Lücke zwischen Management-Theorie und Technologie-Realität,* in: Tschirky, H.; Koruna, S. (Hrsg.): *Technologie-Management – Idee und Praxis.* Zürich: Verlag Industrielle Organisation, 1998, S. 1–32

[10]   GERPOTT, T. J.: *Strategisches Technologie- und Innovationsmanagement.* Stuttgart: Schäffer-Poeschel, 2005

[11]   SCHUH, G.; BECKERMANN, S.; KLAPPERT, S.: *Technologie-Roadmapping,* in: Gassmann, O.; Sutter, P. (Hrsg.): *Praxiswissen Innovationsmanagement – Von der Idee bis zum Markterfolg.* München: Carl Hanser, 2011, S. 95–107

[12]   SCHUH, G.; KLAPPERT, S.; ORILSKI, S.: *Technologieplanung,* in: Schuh, G.; Klappert, S. (Hrsg.): *Technologiemanagement – Handbuch Produktion und Management 2.* Berlin, Heidelberg: Springer, 2011, S. 171–222

[13]   SPECHT, D.; BEHRENS, S.: *Strategische Planung mit Roadmaps – Möglichkeiten für das Innovationsmanagement und die Personalbedarfsplanung, in: Möhrle, M. G.; Isenmann, R. (Hrsg.): Technologie-Roadmapping – Zukunftsstrategien für Technologieunternehmen. 3. Auflage. Berlin, Heidelberg: Springer, 2008, S. 145–164*

[14]   NORTH, K.; REINHARDT, K.: *Kompetenzmanagement in der Praxis – Mitarbeiterkompetenzen systematisch identifizieren, nutzen und entwickeln. Wiesbaden: Gabler, 2005*

[15]   SCHUH, G.; KLAPPERT, S.; MOLL, T.: *Ordnungsrahmen Technologiemanagement, in: Schuh, G.; Klappert, S. (Hrsg.): Technologiemanagement – Handbuch Produktion und Management 2. Berlin, Heidelberg: Springer, 2011, S. 11–31*

[16]   Z-PUNKT: *Z_punkt Megatrends Update, World Wide Web: http://www.z-punkt.de/fileadmin/ be_user/D_Publikationen/D_Giveaways/Megatrends_Update_DE.pdf, abgerufen am 02.05.2014*

118

Zusammenfassung

Die Darstellung des theoretischen Rahmens zum Technologiemanagement hat verdeutlicht, dass in der Literatur vorhandene Konzepte auf technologiegetriebene Aspekte fokussieren und eine praktikable Herangehensweise oft fehlt. Vor allem zur Generierung von Innovationen ist die Betrachtung einer Marktperspektive notwendig, die nicht losgelöst von technologischen Entwicklungen sein darf.

Das vorgestellte Konzept zeigt, wie das Technologie-Roadmapping um eine Marktperspektive erweitert werden kann. Dadurch wird eine durchgängige Analyse von unternehmensexternen Megatrends bis hin zu konkreten Projekten ermöglicht. Diese integrierte Betrachtung erfolgt dabei stufenweise: zunächst »bottom-up« von den F&E-Projekten über die Erschließung von Technologien und Kompetenzen zur Abbildung von Funktionen und Anforderungen bis hin zu konkreten Produkten, daneben »top-down« von global wirkenden Megatrends über gesellschaftliche Trends zu Herausforderungen der Automobilindustrie bis hinunter zu unternehmensspezifischen Fokusthemen. Durch das Zusammenbringen beider Perspektiven wird ein durchgängiges, operationales Managementinstrument generiert, das gegenseitige Abhängigkeiten visualisiert.

Dabei werden keine normativen Empfehlungen abgeleitet, sondern ein Instrument zur fundierten Entscheidungsfindung zur Verfügung gestellt. Für den erfolgreichen unternehmerischen Einsatz sind eine wiederholte Anwendung sowie die kontinuierliche Anpassung der Inhalte an veränderte Rahmenbedingungen erforderlich.

Mit Marktfokus und Innovations-kraft zu neuem Kundenmehrwert

Wie lassen sich Wachstum, Spezialistentum und ein offeneres Innovationsmanagement in Einklang bringen? Wer in seine Entwicklung externe Partner einbezieht, muss auch darauf achten, die Stärken und die Identität des eigenen Unternehmens zu wahren. Wie dies gelingt, zeigt das Beispiel Klüber Lubrication.

In diesem Beitrag erfahren Sie:
- wie das Innovationsmanagement eines Global Players aus Bayern angelegt ist,
- welche Rolle dabei die Zusammenarbeit mit Kunden und externen Partnern spielt,
- was die zentralen Innovationstreiber in der Automobilindustrie sind.

LEON VAN DIJK, DOMINIK MAJID

Die Regeln macht der Markt

Eine ausgeprägte und gelebte Kundennähe ist für manchen Marktteilnehmer ein wesentlicher Bestandteil der strategischen Ausrichtung. Jedoch bedarf es mehr als nur eines theoretischen Konzeptes, um sie tatsächlich zu erreichen. Klüber Lubrication [6], der weltweit führende Anbieter im Topsegment der Spezialschmierstoffe, hat die nötigen Voraussetzungen in seiner mehr als 85-jährigen Firmengeschichte geschaffen: eines der komplettesten Produktportfolios der Branche, nahezu 50 Prozent aller Mitarbeiter in vertriebsnahen Funktionen, eine globale Marktabdeckung und die technische Expertise, um Differenzierungspotenziale effizient zu nutzen.

Nachdem Firmengründer Theodor Klüber sein Unternehmen in den 1960er Jahren in die Hände der Freudenberg-Familie gab, verstärkte das heute zur Freudenberg Chemical Specialities gehörende

121

Unternehmen seine bereits zuvor begonnene Expansionspolitik: geografisch, nach Marktsegmenten, produktbezogen und mit einem klaren Fokus auf Nischen, in denen die Anforderungen an die Marktteilnehmer extrem hoch sind. Wachstum, Spezialistentum und Innovationsführerschaft mussten regional und segmentbezogen in Einklang gebracht werden mit den sich rasch wandelnden Anforderungen der Kunden und der Märkte.

Dieser Beitrag beschreibt, wie es dem Unternehmen gelingt, durch Marktfokus und Innovationskraft seine Zukunftsfähigkeit zu sichern und dabei gleichzeitig die fest verankerten Werte und Grundsätze der Firmengruppe einerseits zu leben und sie andererseits als Zukunftsgaranten nutzbar zu machen. Er stellt anhand des Beispiels Automobilindustrie dar, wie Klüber Lubrication Innovation in der Strategie eines Marktsegments umsetzt.

Alle Potenziale für neue Ideen nutzen

»Innovation bestimmt unseren Erfolg« – das ist einer der für Klüber Lubrication überaus validen internen Leitsätze. Er basiert auf dem Gedanken, dass die Quellen für neue Produkte, neue Lösungen und neue Dienstleistungen nicht zwingend in nur einigen Funktionen verankert sind oder durch regulatorische Anforderungen getrieben werden. Bewährte Erfolgsfaktoren werden gepflegt und behutsam entwickelt. Dort, wo Wandel zum künftigen Erfolgskriterium wird, steht man ihm offen gegenüber. Neue Ideen = neue Produkte, diese Formel greift zu kurz. Prozesse, Systeme, Produkte, der Marktzugang, die Kundenbeziehungen, alles darf unter dem Gesichtspunkt kontinuierlicher Verbesserung genauer betrachtet werden. Jeder Ideengeber wird geschätzt, ermuntert und gegebenenfalls für seine Beiträge belohnt.

Klüber Lubrication betreibt die Entwicklung, die Produktion und den Vertrieb von Spezialschmierstoffen für komplexe technologische Anwendungen. Das Unternehmen stellt sich dabei der Herausforderung, seinen Kunden intelligente Lösungen anzubieten, die zu hoher Nachhaltigkeit, Betriebssicherheit, Wirtschaftlichkeit und Ressourcenschonung beitragen. Die Entwicklung dieser Produkte erfolgt häufig in enger Zusammenarbeit mit dem Kunden. Diese gezielte, konstruktive Zusammenarbeit mit Kunden in nahezu allen Industrien war und ist ausschlaggebend für den Erfolg des Unternehmens. Der Wert der Kundenbeziehung, der Anspruch, die Ziele des Kunden zu seinen eigenen Zielen zu machen, sind zentral für das unternehmerische Selbstverständnis. Das Unternehmen versteht die Herausforderungen und die Wertschöpfungsmechanismen seiner Kunden. Es setzt sein Innovationspotenzial, sein Anwendungs-Know-how und das profunde Wissen seiner Tribologie-Experten (Tribologie = Reibung, Verschleiß und Schmierung zur funktionellen, ökonomischen und ökologischen Optimierung von Bewegungssystemen, vgl. [5]) gezielt ein, um im Segment für Spezialschmierstoffe die global führende Position zu behaupten und auszubauen.

Prozessdenken als verbindendes Glied zwischen den unterschiedlichen Funktionen

Wenn man Kreativitätspotenziale nutzen will, muss man die Kreativität beflügelnden Prozesse verstehen und dezidiert Verantwortlichkeiten zuteilen: Verantwortung für den Innovationsprozess und die Innovationskultur sowie das Initiieren, Umsetzen und Managen von Innovationsprojekten. Nötig sind profunde Kenntnisse über die Wechselwirkungen sämtlicher technischer Funktionen, nicht nur die im Bereich F&E, sowie eine ausgeprägte Kultur des Zuhörens für die marktgetriebenen Faktoren – oftmals durch vertriebsnahe Funktionen oder komplett außerhalb der Firma eingebracht.

Innovationsprozess gleich Innovationskultur?

Die theoretischen Grundlagen des Innovationsmanagements sind kein Hexenwerk und werden in vielen größeren Unternehmen praktisch umgesetzt. Kontinuierliche und diskontinuierliche Prozesse können sich dabei ergänzen. Der kontinuierliche Prozess bei Klüber Lubrication hat Ähnlichkeiten mit dem klassischen Stage-Gate®-Prozess nach Cooper [2]. Am Anfang steht immer eine Idee, die nicht selten auch von außerhalb der Firma kommt – sehr häufig direkt aus dem Markt.

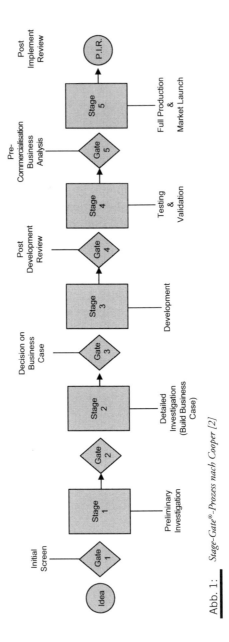

Abb. 1: *Stage-Gate®-Prozess nach Cooper [2]*

Wer hier breit aufgestellt ist, hat klare Vorteile. Der Grundgedanke ist simpel: Teile Innovationsprozesse in Einzelschritte auf und führe sie durch »Gates« (Meilensteine), um ihre Machbarkeit und Marktrelevanz nach festgelegten Kriterien immer weiter zu verifizieren. Dieses Vorgehen erlaubt es auch, unterschiedliche Projekte parallel weiterzuentwickeln. Wichtig dabei ist: Ressourcen müssen gesteuert werden, um eine gute Balance zwischen Produkt-, Service-, Prozess- und Geschäftsmodellinnovationen herzustellen und den maximalen Innovationswert zu erreichen.

Der diskontinuierliche Prozess besteht aus einer Vielfalt von Aktivitäten mit dem Ziel, die Mitarbeiterkreativität zu revitalisieren. So können Workshops, ein themenbezogener Informationsaustausch, aber auch Innovationswettbewerbe Mitarbeiter sowie ausgewählte externe Partner dazu einladen, sich am Innovationsprozess des Unternehmens zu beteiligen. Es ist allerdings eine Herausforderung, Ideen aus einem Wettbewerb sinnvoll zu verwerten. Dies muss mit großem Ernst betrieben werden und ist nicht selten ressourcen-intensiv. Ein gutes Beispiel ist der heutige »KlüberEnergy Service«, dessen grundlegende Idee während einer der Innovationswettbewerbe entstanden und anschließend als professioneller Mehrwert-Service realisiert worden ist. Dieser Service bietet die Optimierung der Energieeffizienz von Schmierstoff-Applikationen mit einem direkten Nachweis der konkreten Energie-einsparungen und überzeugt durch seinen extrem hohen, unmittelbar nachvollziehbaren Nutzwert für den Kunden. Das sind Mehrwert-dienstleistungen, die über reine Produktmerkmale hinausgehen, Kompetenz exemplarisch demonstrieren und neue Geschäftsfelder erschließen. Frühzeitig ist erkannt worden, dass die benötigten Kompetenzen für solch einen professionellen Service nicht rein intern aufgebaut werden können. Daher wurden spezifische Entwicklungspartner mit den gewünschten Kompetenzen gesucht und in den Entwicklungsprozess eingebunden.

Durch intensive interdisziplinäre Zusammenarbeit sowohl intern als auch mit externen Partnern werden »Out of the box«-Ideen umgesetzt. »Raus aus den Silos« könnte man das deutsche Äquivalent nennen. Beides trifft den Kern, denn es beschreibt nicht nur das Resultat, das neue Produkt oder den Service, es beschreibt die hinter der Innovation stehende Unternehmenskultur, die verzahntes, interdisziplinäres und offenes Prozessdenken erfordert. Hervorragende Teamarbeit und ausreichende Management-Unterstützung haben neue Kompetenzen aufgebaut und damit Schlüsselfiguren im Unternehmen und im Markt überzeugt.

Open Innovation bei Klüber von der Theorie in die Praxis

Die enge Zusammenarbeit mit Kunden und Zulieferern, Schwestergesellschaften innerhalb der Freudenberg Gruppe [4], Forschungsinstituten (z. B. Fraunhofer), Universitäten, Industrieverbänden (z. B. VDA und FVA) und vielen anderen Partnern spielt eine zentrale Rolle für die Innovativität bei Klüber.

Allerdings werden solche Partnerschaften sehr gezielt ausgesucht und dafür gibt es gute Gründe. Aufgrund des benötigten Fachwissens in den Innovationsgebieten der Spezialschmierstoffindustrie führen willkürlich zusammengestellte Projektgruppen ohne spezifisches tribologisches Wissen kaum zu verwertbaren Ergebnissen. Die Marke Klüber Lubrication ist eine der globalen B2B-Topmarken im Schmierstoffmarkt. Schon allein aus Gründen des Markenschutzes kann ein lockeres »Open Innovation Sourcing« deshalb kein valider Ansatz für das Unternehmen sein. So stellen Enkel und Bader [3] – basierend auf den Konzepten von Miles et al. [9] – fest, dass Unternehmen Open Innovation nur dann erfolgreich nutzen können, wenn dies zu ihrer allgemeinen Strategie passt.

Die Strategiekonzepte von Miles et al. und ihr Bezug zum Grad der Offenheit eines Unternehmens können folgendermaßen verstanden werden:

⇨ Ein *Prospector* ist ein Unternehmen, das immer das Neuste machen will, auch wenn dies das Risiko in sich trägt, heutiges Geschäft zu »kannibalisieren«. Der Prospector berücksichtigt in verringertem Maß, mit welchen Produkten und in welchen Märkten er in zehn Jahren seinen Umsatz machen wird. Wenn es eine Chance gibt, der Erste auf dem Markt zu sein, würde er sie jedoch nutzen.

⇨ Ein *Defender* beschäftigt sich hauptsächlich mit dem Erhalt des heutigen Marktanteils und würden alles daran setzen, das heutige Geschäft mit möglichst geringer Veränderung weiterzuführen.

⇨ Einem *Analyser* ist es sehr wichtig, die heutige Marktposition zu sichern, aber er versucht auch verstärkt, seine Geschäftsfelder systematisch auszuweiten. Ideen für neue Märkte, Produkte und Technologien werden regelmäßig analysiert und – falls aussichtsreich – verfolgt, um zusätzliches Wachstum zu generieren.

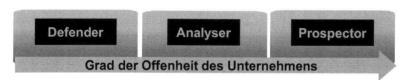

Abb. 2:   *Offenheit des Unternehmens in Bezug auf seine Strategie*

Gemäß dem theoretischem Ansatz von Enkel und Bader wäre Klüber Lubrication ein Analyser. Gezielte Zusammenarbeit mit externen Partnern ist deshalb ein potenzieller Weg für das Unternehmen. Aufgrund der allgemeinen Firmenstrategie, der technischen Komplexität und des Markenaufbaus ist der Aspekt des »Open« im Innovationsprozess jedoch eher ein limitierter. Gezielte Maßnahmen zum IP-Schutz sind für den Global Player aus Bayern genauso wichtig wie die Innovation selbst. Beispiele, dass der Ansatz funktioniert, gibt es jedoch einige, wie im Folgenden skizziert wird.

Beispiele für Open-Innovation-Projekte

Lube & Seal – Open Innovation innerhalb der Freudenberg Gruppe

Bei dem sogenannten Simmerring handelt es sich um die weltweit bekannteste Radialschaftdichtung zur Ölabdichtung an rotierenden Wellen. Im Mittelpunkt der Entwicklungen rund um diesen Dichtring steht die Optimierung des tribologischen Systems der Dichtlippe. Das komplexe Zusammenspiel von Dichtlippe, Schmierstoff und Gegenlauffläche, Werkstoff und Schmierstoff, Temperatur und Druck erfordert bei jeder Lösung eine individuelle Betrachtung.

In diesem Zusammenhang ist Lube & Seal zu nennen. Dabei handelt es sich um ein Gemeinschaftsprojekt von Klüber Lubrication und Freudenberg Sealing Technologies, das Services für Entwickler von Industriegetrieben offeriert. Durch die gleichzeitige Betrachtung von Abdichtung, Schmierstoff und Getriebe können bereits während der Entwicklungsphase neuer Getriebegenerationen die Konstruktionselemente Schmierstoff und Simmerring aufeinander abgestimmt werden. Lube & Seal steht für ein intelligentes Beziehungsmanagement zwischen den Herstellern von Schmierstoffen, Dichtungen und Getrieben bei der Konstruktion neuer Hochleistungsantriebe. Es ist eine kompetente Entwicklungspartnerschaft: Gemeinsam mit den Kunden entwickeln die zu Freudenberg gehörenden Firmen innovative Elastomere und Schmierstoffe. Durch die Integration der Kernkompetenzen Schmierstoff und Dichtung unter dem Dach der Freudenberg Gruppe ist es möglich, ohne Verlust von Know-how die chemischen Rezepturen von Elastomer und Schmierstoff zu vereinen und aufeinander abzustimmen. Mit mehr als 1000 Prüfständen, Analyse- und Prüfmethoden steht Lube & Seal nicht nur für kürzere Entwicklungszeiten, sondern auch für Funktionssicherheit und verlängerte Lebenszyklen.

Projekt Nanover – Open Innovation
durch gemeinsame Forschung

Gleitlackbeschichtungen, auch Trockenschmierstoffe genannt, kombinieren die Vorteile der »sauberen Schmierung« mit Kriterien wie Verschleißschutz und Reibungsoptimierung. Die Grenzen herkömmlicher Gleitlacke liegen in ihrer Abriebfestigkeit und Tragfähigkeit, was die Lebensdauer der Bauteile verkürzen kann. Innerhalb eines vom Bundesministerium für Bildung und Forschung (BMBF) geförderten mehrjährigen Forschungsprojekts untersuchte Klüber Lubrication gemeinsam mit zwei renommierten Automobilzulieferern, einem Hersteller von Nanopartikeln sowie zwei Prüfinstituten, inwieweit die Leistungsfähigkeit von Gleitlacken durch den Zusatz von funktionalisierten Nanopartikeln weiter erhöht werden kann.

Das Ergebnis ist die Entwicklung von Klübertop TN 01-311 A/B, einem neuartigen, durch die Verwendung von Nanopartikeln besonders abriebfesten Gleitlack zur Beschichtung von metallischen Bauteilen. Durch die Verwendung von Nanopartikeln erhält das Bindersystem eine verbesserte Festigkeit, was die Abriebbeständigkeit und die Widerstandskraft gegen Verschleiß signifikant erhöht – anwendungsabhängig um den Faktor 2 bis 8. Ein weiterer Vorteil für den Anwender sind deutliche Einsparpotenziale, insbesondere wenn kostenintensive Hartstoff-Beschichtungen ersetzt werden können. Typische Anwendungen sind solche mit dynamischer Beanspruchung unter hoher Belastung, beispielsweise Kupplungsausrückerhülsen, die Gleitbuchsen von Kupplungslagern, die Lagerkäfige von Zweitaktmotoren, gleitende Teile in ABS und Einspritzpumpen sowie alle beweglichen Elemente, bei denen ein herkömmlicher Gleitlack nicht ausreicht und wo harte Materialbeschichtungen wie DLC-, CVD- oder PVD-Beschichtungen nicht erwünscht oder zu teuer sind.

Innovationstreiber in der Automobilindustrie

Innovationsschwerpunkte, die die Automobilindustrie besonders prägen, sind neben der Fahrzeugvernetzung (sog. Connectivity) die Gewichtsreduzierung von Fahrzeugen sowie alternative Antriebskonzepte – Letztere mit dem Ziel der CO2-Reduzierung. Spielen Schmierstoffe bei diesen Mega-Trends überhaupt eine signifikante Rolle? Die Antwort der für das Automobilsegment zuständigen Teams von Klüber Lubrication lautet: Ja! Die Vielfalt der in Automobilen eingesetzten Materialien nimmt zu. Dies erfordert Schmierstoffe, die mit diesen neuen Materialien kompatibel sind. Denn der Schmierstoff darf Materialien nicht angreifen oder in ihrer Verschleißfestigkeit negativ beeinflussen. Einer der Schwerpunkte von Klüber Lubrication bei der Forschung und Entwicklung ist daher die Wechselwirkung von Schmierstoffen mit Materialien aller Art, die im Fahrzeugbau zum Einsatz kommen.

Damit schließt sich der Kreis zum Megatrend: Gewichtsreduzierung durch leichtere Materialien wird ermöglicht mithilfe von auf Lebensdauer ausgelegten, verschleißoptimierten Spezialschmierstoffen (sog. »lube and forget«-Prinzip).

Wissenszentralisierung und Kreativitätsdezentralisierung

Unternehmen wachsen und damit auch ihre Horizonte. Die zunehmende Internationalisierung bringt Fragestellungen mit sich, die sich im Heimatmarkt nicht zwingend in der gleichen Weise stellen. Man kann Kundennähe nicht aus 10.000 km Entfernung, aus einer anderen Zeitzone und in einer für den Kunden fremden Sprache leben. Das muss sich auch in der Innovationskultur und dem Umgang mit Wissen niederschlagen. Um schneller und unabhängiger von der Hauptverwaltung agieren zu können, vor allem aber, um spezifische Anforderungen lokaler Kunden besser erfüllen zu können, ist neben der Produktion vor Ort die dezentrale Vorhaltung von Know-how durch kontinuierliche Mitarbeiterschulungen sowie die Bereitstellung technischer Ausrüstung (z. B. Teststände) zwingend erforderlich. Lokale Entwicklungsarbeit, auch wenn sie in der Kooperation mit globalen OEMs nicht an erster Stelle steht, ist zwingend, weil sie nicht nur die Produktentwicklung betrifft, sondern z. B. auch die Qualifizierung lokaler Rohstofflieferanten.

Von »one face« zu »one voice«

Der Schmierstoffmarkt wird meist als »commodity« im Betriebsmittel-einkauf angesiedelt und folglich von den Automobilherstellern nicht als reputations-relevant angesehen. Wie lassen sich hier Kunden so betreuen, dass sie eine andere Sicht auf das Markenbildungspotenzial des Lieferanten gewinnen? Key Account Management bedeutet in diesem Zusammenhang nicht, dem Kunden im Sinne einer Außendienst-betreuung mit »einem Gesicht« gegenüberzutreten. Dies würde gerade im Fall global aufgestellter Kunden den Key Account Manager überfor-dern und letztlich einen künstlichen Engpass erzeugen, der von der Ar-beitskapazität einer Person abhängig ist. Vielmehr geht es darum, den Schlüsselkunden in seinen globalen Bedürfnissen und Anforderungen zu verstehen und zu kennen, um ihm passgenaue Lösungen anbieten zu können. Dies funktioniert durch die Bildung von funktions- und länderübergreifenden Key Account Teams, die unter Anleitung des Key Account Managers die Kundenaktivitäten abgestimmt steuern. Der Key Account Manager lenkt damit nicht nur den Vertrieb, sondern fungiert auch als Schnittstelle zur Entwicklung und Tribologie. An Stelle des »one face« rückt so die »one voice« [7]. Die Benennung von Key Account Teams zur Schaffung einer »one voice« gegenüber den Entwicklern, Konstrukteuren und den Einkäufern wird von den Kunden ohnehin erwartet und soll die frühzeitige Einbeziehung des Lieferanten in die Entwicklung von Bauteilen begünstigen.

Balanced Scorecard – wie das Marktsegment
Automotive Resultate misst

Global agierende, dezentral gesteuerte und in einer Matrix organisierte Unternehmen eint eine Herausforderung: Wie kann das in der Wert-schöpfungskette konkurrierende Zielsystem einem Gesamtziel unterge-ordnet werden?

Nicht nur bei Klüber heißt die Antwort darauf: mithilfe einer Ba-lanced Scorecard. Mit diesem Management-Instrument werden Key

Performance Indicators (KPI) der einzelnen ergebnis- und kunden-
zufriedenheitsrelevanten Prozesse gemessen und zusammengeführt.
Anhand eines Ampelsystems sieht so ein Team auf einen Blick, wo
die Organisation gut oder eben auch weniger gut »performt«. Diese
bei Klüber Lubrication im Automotive-Bereich eingeführte Methodik
erlaubt es, schnell zu erkennen, wo Handlungsbedarf besteht und wo
man auf dem Weg zur Zielerreichung steht.

Literatur

[1]   BELZ, CHR.; MÜLLNER, M.; ZUPANCIC, D.: *Spitzenleistungen im Key-Account-Management.
       Das St. Galler KAM-Konzept, 2. Auflage, München, 2008*

[2]   COOPER, R. G.: *New Products: The Factors that Drive Success. In: International Marketing
       Review, Vol. 11, No. 1, 1994, S. 60–76*

[3]   ENKEL, E.; BADER, K.: *Balancing open and closed innovation: Strategy and culture as de-
       terminants. Taken from The Proceedings of The XXIII ISPIM Conference 2012 Barcelona,
       Spain - 17-20 June 2012*

[4]   *www.freudenberg.com*

[5]   *http://www.gft-ev.de/tribologie.htm*

[6]   *www.klueber.com*

[7]   KURUMUNDAYIL, T.: *Key Account Management im Investitionsgüterbereich, 2005*

[8]   MATLACHOWSKY, PH.: *Implementierungsstand der Balanced Scorecard, 1. Auflage,
       Wiesbaden, 2008*

[9]   MILES, R. E.; SNOW, C. C.; MEYER, A. D.; COLEMAN, H. J.: *Organisational Strategy,
       Structure, and Process. In: The Academy of Management Review, Vol. 3, No. 3, 1978,
       S. 546–562*

Zusammenfassung

Wie sichert ein dynamisch wachsender Spezialist seine Zukunft? Wie wird das Innovationsmomentum erhöht? Wie bindet das Management die Belegschaft in der Erarbeitung von Strategien so ein, dass die Umsetzung gelingen kann und die gesamte Organisation »in eine Richtung läuft«? Wie bewahrt man die Stärken und die Identität, die das Unternehmen erfolgreich gemacht haben unter Berücksichtigung valider Zukunftstrends? Eines von vielen wichtigen Rezepten ist ein breiterer Ansatz für den Innovationsprozess. Jeder Kunde, jeder Zulieferer, jeder Entwicklungspartner jede regulatorische Anforderung, jeder valide Trend und vor allem jeder Mitarbeiter kann potenziell Ideengeber für Innovationen sein. Daher erhält die Belegschaft regelmäßig die Möglichkeit, sich an dem Entwicklungsprozess von Innovationen bei Klüber Lubrication zu beteiligen. Die Mitarbeiter ihrerseits rechtfertigen dieses Vertrauen seit vielen Jahren durch ihre erfolgreichen Beiträge.

Produktinnovation

Open-Innovation-Ansätze in der chemischen Industrie

In der chemischen B2B-Branche ist der Einsatz von Open Innovation nicht unumstritten, wird doch oft der Verlust geistigen Eigentums befürchtet. Das ist aber nur eine der Herausforderungen, die bei der Umsetzung von OI zu meistern sind. Wie man OI-Werkzeuge erfolgreich implementiert, beleuchtet dieser Beitrag.

In diesem Beitrag erfahren Sie:
- in welchen Schritten sich Open Innovation in die Unternehmenspraxis implementieren lässt,
- welche zentralen Probleme dabei zu bewerkstelligen sind,
- wie die Celanese-Division Engineered Materials Open-Innovation-Werkzeuge einsetzt.

EVA BROCKHAUS, SEBASTIAN EIDAM, HENNING KÜLL, KLAUS KURZ

Der Open-Innovation-Ansatz und seine Ziele

Innovationen sind in Unternehmen ein zentraler Aspekt langfristigen Wachstums [1]. Sie zeigen sich in Form neuer oder angepasster Produkte bzw. Prozesse, die sich gegenüber dem bisherigen Zustand merklich unterscheiden [2]. Innovationen entstammen einer Idee, die durch eine Kombination aus Wissen, Technologie, Fähigkeiten und Ressourcen unterschiedlicher Art zu einem fertigen, praktisch verwertbaren und damit kommerzialisierbaren Ergebnis umgesetzt wurde [3, 4]. Zu einer erfolgreichen Innovation gehört also:

⇨ eine Idee bzw. der Bedarf zu einer Produkt- oder Prozessverbesserung,

⇨ die Identifikation relevanten Wissens zur Lösung dieses Problems,

⇨ die anschließende Rekombination dieses Wissens zu einem neuen Produkt oder Prozess [5].

Steigende Kundenerwartungen und wachsende Anforderungen an Produkte und Prozesse (z. B. hinsichtlich der Nachhaltigkeit) machen eine flexiblere und effizientere Umsetzung des Innovationsprozesses in der unternehmerischen Praxis notwendig. Im klassischen Innovationsansatz *(Closed Innovation)* wird hierbei vornehmlich auf interne Ressourcen gesetzt, um sich so einen Vorteil gegenüber der Konkurrenz zu verschaffen. Eine gute Abschottung gegen Wettbewerber und eine möglichst hohe Sammlung und Nutzung von Fachwissen in Forschung und Entwicklung (F&E) sind die Folge. Die so generierten Innovationen sollen als geistiges Eigentum *(Intellectual Property, IP)* dem Unternehmen einen technologischen Vorteil gegenüber der Konkurrenz verschaffen.

Die größten Probleme, die diesem klassischen Ansatz innewohnen und 2003 durch Chesbrough identifiziert wurden, sind die stetig wachsenden Budgetanforderungen für F&E und die fehlende Flexibilität des Innovationsapparats im Unternehmen. Aus dieser Kritik resultieren die Grundprinzipien der *Open Innovation (OI),* die besagen, dass es notwendig ist, mit fähigen Forschern innerhalb und außerhalb der Unternehmensgrenzen zusammenzuarbeiten, um so mit internen Ressourcen Anteil an einer externen Entwicklung haben zu können. Der zugrunde liegende Gedanke ist, dass nicht alle Ideen aus der eigenen F&E-Abteilung stammen müssen oder hier zu Ende zu führen sind, um daraus Profit zu erzielen [6]. Vielmehr wird eine optimale Identifikation und Nutzung externer Wissensquellen als Schlüssel zum Erfolg gesehen.

Grundsätzlich eröffnet dies ein breites Spektrum von unterschiedlichen Möglichkeiten, sich zwischen den Extremen Open und Closed Innovation zu positionieren. Entsprechende Schritte zur OI-Umsetzung sowie mögliche Chancen und Risiken sollen im Folgenden näher betrachtet werden.

Erste Schritte bei der Implementierung

In der Praxis ist eine Umsetzung sehr stark vom spezifischen Geschäft des Unternehmens abhängig. Daher sollte am Anfang eine grundsätzliche Entscheidung für einen Open- oder einen Closed-Innovation-Ansatz getroffen werden. Entscheidet man sich für OI, sollte dieser Ansatz mit der Unternehmenskultur in Einklang gebracht werden. Genau wie in der klassischen F&E gibt es aber auch in der Verwendung von Open Innovation keine Patentrezepte. Daher wird im Folgenden eine Logik für Unternehmen der chemischen B2B-Branche dargestellt und mit Beispielen unterlegt, die dabei helfen soll, Open Innovation stärker in die Unternehmenspraxis zu integrieren und übliche Probleme zu umgehen. Neben einem Überblick der Best-Practice-Erfahrungen aus publizierten Fällen der chemischen Industrie soll vor allem am Beispiel der Celanese-Division »Engineered Materials« (EM) der Prozess der Einführung von Open Innovation in die unternehmerische Praxis nachvollzogen werden.

Ziele für die Verwendung von Open Innovation

Um eine OI-Strategie gezielt und strukturiert in die unternehmerische Praxis umzusetzen, ist es sinnvoll, zuerst die Ziele und die zugrunde liegende Motivation klar zu definieren. Die Ziele, die mit der OI-Strategie verfolgt werden, sollen in sich und auch zu anderen Unternehmenszielen widerspruchsfrei sein. Darüber hinaus sollen sie mit Zeitrahmen unterlegt sein, die realistisch erreichbar sind.

Die Motivation zum Einsatz von Open Innovation kann offensiven oder defensiven Charakter aufweisen. *Offensive Motive* sind solche, die Wachstum anregen, zum Beispiel durch den Ansatz, neue Produktideen zu generieren, neue Märkte oder Produktfelder zu erschließen, die Innovationsrate zu steigern, neue Geschäftspartner zu finden oder in bestehenden Märkten zu expandieren. *Defensive Motive* sind solche, die Kosten reduzieren sollen, zum Beispiel durch eine kürzere Time-to-Market, durch reduzierte F&E-Ausgaben als Folge einer flexibleren und schlankeren internen F&E-Abteilung oder durch eine Steigerung des Firmen- oder Produktimages [7, 8].

Je mehr Motive gezielt verfolgt werden, desto komplexer sind die daraus resultierenden Ziele, und eine Umsetzung in die Praxis wird schwieriger, da eine Widerspruchsfreiheit der einzelnen Ziele untereinander schwerer zu gewährleisten wird. Vor allem vor dem Hintergrund eines bestehenden Closed-Innovation-Prozesses ist eine schrittweise Öffnung leichter. So können beispielsweise über einzelne Projekte Erfahrungen im Bereich Open Innovation gesammelt werden und interne F&E-Kräfte an die neuartigen Arbeitsweisen herangeführt werden. Bei einem bereits etablierten Open-Innovation-Prozess in einigen Unternehmensbereichen ist die Durchführung größerer OI-Projekte auch in anderen Bereichen oder eine unternehmensweite Umstellung auf einen OI-Ansatz leichter möglich ist.

Bei dem Chemieunternehmen Celanese wird das Ziel verfolgt, durch technologische Innovationen in den nächsten Jahren Profitsteigerungen von ca. 200 Millionen US-Dollar zu erreichen [9]. Dies soll neben einer fokussierten und an den Megatrends orientierten Forschung und Entwicklung »in-house« vor allem auch dadurch erfolgen, dass die Zusammenarbeit mit externen Partnern gefördert und intensiviert wird – seien es Kunden, Universitäten, Forschungsinstitute, Forschungsnetzwerke und/oder Start-up-Firmen.

Weiterhin ist frühzeitig abzuwägen, ob die geplante OI-Strategie in der F&E zur Exploration und/oder zur Exploitation eingesetzt werden soll. *Exploration* ist hierbei die Entwicklung von neuen Produkten, also die Schaffung von Neuem, während die *Exploitation* das »Lernen« in bestehenden Produkten und Prozessen meint [5].

Wichtigster Schritt im Rahmen der OI-Strategie ist bei Celanese die Definition von thematischen Suchfeldern. Nur durch eine konsequente und schlüssige Auswahl von definierten Themenfeldern, die dann auch mit externer Unterstützung bearbeitet werden sollen, wird Open Innovation zu einem werthaltigen Element im Innovationsprozess. Als Beispiele für diese Themenfelder lassen sich bei Celanese Engineered Materials die Bereiche Leichtbau/Composite, Pulver-Technologien (auch als Additiv in anderen Werkstoffen oder Polymeren) oder die Herstellung von Chemikalien und Kunststoffen aus biologischen Quellen nennen. Ein weiteres Themenfeld besteht darin, für die vorhandenen Polymere neue Anwendungen und/oder Herstellverfahren zu ermitteln.

Selektion von Informationen und Funktionen

Basierend auf den Zielen, die man mit der OI-Strategie verfolgt, sollte in den nächsten Schritten eine passende Implementierung in Form eines generellen OI-Prozesses gewählt werden. Grundsätzlich lässt sich die Flussrichtung der Informationen und Ideen als Unterscheidungsmerkmal ansehen. Am naheliegendsten (und auch am nächsten zum klassischen Closed-Innovation-Ansatz angesiedelt) ist hierbei der *Outside-in-Prozess,* bei dem z. B. Wissen von Kunden und Lieferanten integriert wird. Das Gegenstück ist der *Inside-out-Prozess,* bei dem bestehende Ideen (oder Wissen) auf den Markt gebracht werden, indem Intellectual Property verkauft oder auslizensiert wird [10]. Eine Kombination aus beiden wird als *Coupled-Prozess* bezeichnet.

Outside-in

Bei Celanese wird insbesondere der Outside-in-Prozess stark genutzt, vor allem in Zusammenarbeit mit Kunden. Wie bereits von Cooper in einer Analyse der »ideation methods« festgestellt wurde, sind alle kundennahen Aktivitäten besonders wirksam [11]. Daher hat Celanese Engineered Materials zum Beispiel in einer Reihe von Workshops gemeinsam mit Kunden neue Ideen entwickelt, bewertet und dann in Projekten bearbeitet. Hierdurch wird das Wachstum der Produkt- bzw. Anwendungspipeline – und daraus abgeleitet auch die Anzahl an Patentanmeldungen – gefördert.

Vor allem in Prozessindustrien wie der chemischen Industrie wird eine Entscheidung gegen Open Innovation häufig mit der Befürchtung eines Verlusts an geistigem Eigentum begründet [8]. Daher sollte die

Entscheidung für den OI-Prozess möglichst frühzeitig getroffen werden, um gezielt mit den daraus resultierenden Gefahren für Intellectual Property umgehen bzw. notwendige Schutzmaßnahmen initiieren zu können. Bei dieser Entscheidung ist allerdings auch zu bedenken, dass eine externe Wissensquelle eher zu einer Zusammenarbeit bereit ist, wenn sich dies auch für sie lohnt. Anstöße können hier – neben der rein intrinsischen Motivation – natürlich in monetären Anreizen liegen, aber auch in Form von geteiltem Wissen (z. B. Best-Practice-Erfahrungen) bestehen oder in einer besseren Abstimmung von Materialien auf Kundenbedürfnisse. Daher kann eine Teilung von Intellectual Property durchaus auch finanziell für das Unternehmen interessant sein.

Inside-out und Coupled

Für den Fall, dass man sich für einen Inside-out- oder einen Coupled-Prozess entscheidet, sollte man das Wissen, das zur Verfügung gestellt und somit für externe Partner nutzbar gemacht wird, genau definieren. Dies kann durch einen projektbezogenen Bewertungsprozess oder übergreifend durch die Entwicklung von Bewertungs-Guidelines über den Umgang mit Intellectual Property in OI-Projekten geschehen.

Vor allem geplante Exploitation-Aktivitäten mittels Open Innovation benötigen hierbei in Prozessindustrien wie der Chemie hochspezialisierte Experten mit tiefem Einblick in bestehende Prozesse und Produkte. Hierbei sollte auch geklärt werden, wie sich die Aufgaben im OI-Prozess in die bestehende Unternehmensstruktur organisatorisch einordnen lassen. Dies sollte im Vorhinein geschehen, um spätere Kompetenzüberschneidungen und daraus resultierende Konflikte zu vermeiden, die eine erfolgreiche Umsetzung beeinträchtigen können.

Bei Celanese wurde Ende 2012 die Rolle des *Chief Technology and Innovation Officer* neu geschaffen. Damit sollten – neben dem Fokus auf F&E-Projekte innerhalb der Geschäfte – zusätzlich die Kooperation über Geschäftseinheiten hinweg, das gegenseitige Lernen und der Austausch von Ideen sowie das Thema »Open Innovation« forciert werden. Hierzu wurde in der Division Engineered Materials die Rolle eines *In-*

novation Director neu etabliert, der mithilfe zweier Open-Innovation-Manager (Europa/USA) diese Aufgaben übernimmt.

Auswahl und Entwicklung von OI-Werkzeugen

Nach der generellen Entscheidung über die organisatorische Eingliederung eines OI-Prozesses in die Unternehmensstruktur müssen passende Werkzeuge gewählt werden, die zur Erreichung der Ziele im unternehmerischen Umfeld geeignet sind. Hierbei lassen sich zum einen existierende Werkzeuge einsetzen, die bereits aus dokumentierten Projekten des eigenen oder aus anderen Unternehmen bekannt sind. Dazu werden diese Werkzeuge imitiert und auf die eigenen Bedürfnisse und Fragestellungen angepasst. Zum anderen kann man auch neue Werkzeuge und Konstrukte entwickeln, die den Besonderheiten der jeweiligen Kunden- oder Lieferantenstruktur sowie den technischen Ansprüchen gerecht werden. Hierbei ist zu beachten, dass Werkzeuge, die für Unternehmen mit einer breiten Kundenbasis im B2C-Bereich entwickelt wurden, in der Regel nicht ohne Aufwand auf ein hoch spezialisiertes B2B-Unternehmen übertragbar sind.

Werkzeuge für den Outside-in-Prozess
Gängige Werkzeuge für die Implementierung des reinen Outside-in-Prozesses sind *Patentrecherchen* [12], *Technologie-Scouting* [12, 13] und *Ethnographien* [11]. OI-Werkzeuge, die diesem reinen Outside-in-Prozess folgen, identifizieren insbesondere relevantes, externes Wissen, während die Integration, d. h. die Umsetzung dieses Wissens zu Innovationen, anschließend in der Regel intern erfolgt, also ähnlich einem Closed-Innovation-Prozess.

Werkzeuge für den Inside-out-Prozess
Der Inside-out-Prozess wird hauptsächlich durch den *direkten Vertrieb* von Ideen an Kunden oder Geschäftspartner abgebildet. Darüber hinaus können aber auch *Broker,* die in etablierten Technologiemärkten aktiv sind, den Handel mit unterschiedlichem Wissen (z. B. Patente)

vermitteln [14, 15]. Die Integration des Wissens in eigene Produkte oder Prozesse obliegt in der Regel auch hier dem akquirierenden Unternehmen.

Werkzeuge für den Coupled-Prozess

Ein Coupled-Prozess kann durch die gleichzeitige Anwendung der oben beschriebenen Mittel zum Outside-in- und Inside-out-Prozess erreicht werden. Darüber hinaus wurden aber auch eine Reihe an Werkzeugen entwickelt, die den Austausch von Wissen anstelle einer rein monetären Vergütung (oder der Nutzung rein öffentlich zugänglicher Informationen) nutzen. Besonders im Bereich der Prozessindustrien mit einer hohen technischen Komplexität der zu generierenden Ideen finden diese Werkzeuge sehr häufig und erfolgreich ihre Anwendung.

Neben *strategischen Allianzen* und *Joint-Ventures* mit Wettbewerbern, Kunden oder Lieferanten [16, 17] können auch gemeinsame F&E-Anstrengungen in *Netzwerken* oder *Clustern* durchgeführt werden [18, 19]. In *Kollaboration mit Universitäten* lassen sich darüber hinaus auch öffentliche Fördergelder im Rahmen von Forschungsprojekten nutzen [20]. Alle diese Konstrukte haben gemein, dass in ihnen die Kollaborationspartner einen Teil des eigenen Wissens mit einbringen, um an den gemeinsamen Erfolgen der Kombination des Wissens zu profitieren. Diese Ansätze bieten dementsprechend die Möglichkeit, Wissen iterativ auszutauschen und gemeinsam in Produkte und Prozesse zu integrieren. Hierbei ist das Vertrauen der Partner eine der wichtigsten Größen für den Erfolg der Kollaboration. Deshalb haben alle beteiligten Seiten ein großen Interesse daran, gemeinsame Richtlinien für den Umgang mit eingebrachten und neu erschaffenen OI-Ansätzen zu etablieren und einzuhalten. In der Regel werden diese Richtlinien im Vorfeld der Zusammenarbeit vertraglich festgehalten, wodurch auch die Ziele der jeweiligen OI-Partner klarer zum Ausdruck kommen.

Weitere Anwendungsbeispiele für den Coupled-Prozess, die sich auch in einzelnen Projekten mit weniger organisatorischem Aufwand betreiben lassen, sind *offene Innovationswettbewerbe,* um bestimmte, meist endkundennahe Fragestellungen zu bearbeiten [21], *Workshops,* bei denen entweder interne Experten aus anderen Bereichen oder externe Experten in einem geschlossenen Umfeld spezifische Probleme lösen können [10, 22], *Kundeninterviews* bezüglich Problemen, Erwartungen und technischen Ansprüchen an die eigenen Produkte [11, 23] oder eine Identifikation und engere Einbindung von *Lead Usern,* die Trends in der eigenen Industrie vorausgehen und diese Erwartungen im Markt umsetzen wollen [24].

Viele dieser Ansätze konzentrieren sich vor allem auf den ersten Schritt des Innovationsprozesses, Ideen bzw. Bedürfnisse zu identifizieren. Im Idealfall werden Lösungen oder Lösungsansätze gleich mitgeliefert, deren Umsetzung dann allerdings häufig wiederum intern erfolgt. Diese Werkzeuge leben durch den Austausch von Wissen und der Aussicht auf künftige Vorteile (etwa in Form besserer Produkte) für die entsprechenden Informanten. Der Kollaborationspartner hat hier – neben einem etwaigen monetären Anreiz – auch einen Gewinn an Wissen oder Einblicken, was dem OI-Ansatz entspricht.

Neuere OI-Werkzeuge bei Celanese

Bei Celanese wurden unterschiedliche Formen von OI-Werkzeugen eingesetzt. Hierbei wurden neben adaptierten Werkzeugen wie Kundenworkshops, Hochschul-Kooperationen, Mitarbeit in Innovationsnetzwerken (z. B. das Dutch Polymer Institute, Eindhoven oder das Aachener Zentrum für integrativen Leichtbau der RWTH Aachen) auch neuere Formen der Open Innovation betrachtet, wie zum Beispiel ein Wettbewerb auf der Fachmesse Fakuma 2012, ein Schlittenbauprojekt für eine arktische Tour durch Spitzbergen (Mission Icefox) oder eine Kooperation mit einem brasilianischen Designbüro, auf die weiter unten noch detaillierter eingegangen wird.

Die Risiken, die aus den ausgewählten Werkzeugen und der Interaktion mit OI-Partnern resultieren (z. B. der Verlust von Ideen, Patenten, Produkten, Prozessen, ein Schaden am Image der Firma oder ein Imageschaden für einzelne Produkte), sollten im Vorhinein durchdacht und definiert werden. Gegen- und Schutzmaßnahmen lassen sich so im Vorfeld mit etablieren, um eine unbeabsichtigte Schädigung durch den neuen OI-Ansatz zu vermeiden.

Kommunikation und Unterstützung

Ein weiterer wichtiger Schritt zur Implementierung von Open Innovation ist die unternehmensinterne Unterstützung. Laut einer Studie unter 22 Unternehmen der chemischen Industrie, die OI-Ansätze verfolgen, ist die Unterstützung des Top-Managements eine erfolgsentscheidende Größe [8]. Dies ist wichtig im Hinblick auf die Finanzierung der beinhalteten Projekte, das benötigte Personal und die Infrastruktur im Unternehmen und im Kunden-/Lieferantenkontakt. Da Open Innovation von der grundsätzlichen Öffnung der F&E lebt, sollte auch der Implementierungsprozess offen und möglichst transparent gestaltet werden. Daher ist es wichtig, die relevanten Schlüsselpositionen im Unternehmen vom neuen Ansatz und den eingesetzten Werkzeugen zu überzeugen und in den Umsetzungsprozess einzubeziehen, um spätere Diskussionen um Kompetenzen zu vermeiden. Hierbei sollte man frühzeitig die Reaktionen des Top-Managements und der Schlüsselpositionen bedenken, falls das Projekt aus dem Zeitplan gerät oder die Identifikation und Akquirierung von externem Wissen nicht wie geplant abläuft. Wie bei jedem Projekt sollte offen mit »Kinderkrankheiten« und möglichen Problemen und Risiken umgegangen werden, um so gezielt auf Bedenken und Ängste bei beteiligten Personen eingehen zu können.

Besonderheiten in der Chemiebranche

Open Innovation im B2B-Geschäft

Die chemische Industrie zeichnet sich durch eine starke Aufteilung entlang der Wertschöpfungskette vom Rohstoff bis zum Endkonsumenten aus. Hierbei sind die meisten Unternehmen nicht im Endkundengeschäft (Business-to-Customer, B2C), sondern im Intermediate-Geschäft (Business-to-Business, B2B) tätig. Daraus ergeben sich vor allem für die Einordnung der F&E-Aktivitäten – insbesondere vor dem Hintergrund einer möglichen Implementierung von Open Innovation – erhebliche Konsequenzen.

Im B2B-Geschäft herrscht häufig eine deutlich engere Bindung des Kunden an die gelieferten Produkte, da diese im Gegensatz zu Produkten auf dem Endkundenmarkt oft schwerer substituierbar sind. Dies resultiert häufig aus der geringen Zahl an Anbietern im Markt für Spezialchemikalien und aus der herstellerseitigen Anpassung der Produkte an die jeweiligen technischen Spezifikationen der Kunden. Auch ist neben dem Preis die Qualität und Sicherheit der Lieferung ein wichtiges Kriterium für die Wahl des Lieferanten. Diese Abgrenzung gegenüber Wettbewerbern hat im Hinblick auf den Einsatz von OI-Werkzeugen jedoch Vor- und Nachteile.

Durch die enge Kunden-Lieferanten-Beziehung (vor allem bei spezialisierten Produkten mit geringer Kundenzahl) ist auch der Hersteller (Lieferant) stärker vom Kunden abhängig. Gleichzeitig ist der Wissensvorsprung bezüglich Ressourcen und Prozessen oft die einzige Absicherung gegen eine Rückwärtsintegration des Kunden, d. h. eine Übernahme einer oder mehrerer Fertigungsstufe(n), die bisher von einem Zulieferer durchgeführt wurde(n). Durch die Anwendung von OI-Maßnahmen, die dem Kunden hier vollständige Transparenz ermöglichen, kann so auch dem eigenen Wettbewerbsvorteil geschadet werden.

Darüber hinaus hat eine kleinere Kundengruppe den Nachteil, dass weniger potenzielle externe Wissensquellen zur Verfügung stehen, um OI-Maßnahmen durchzuführen. Ferner ist aufgrund der benannten komplexen Prozesse, die sich von Kunde zu Kunde unterscheiden, oft die Lösung des einen nicht auf den anderen Kunden übertragbar. Gleiches gilt für die Lieferantenseite als externe Wissensquelle.

Anders als im B2C-Markt zielen OI-Maßnahmen im B2B-Markt darauf ab, Business-Professionals als externe Wissensquelle zu nutzen. Daraus entsteht häufig das Problem, dass entsprechende Anreizsysteme schwerer bis gar nicht auf intrinsischer oder persönlicher (monetärer)

Motivation beruhen können. Hier empfiehlt es sich, institutionelle Partner vor individuellen Partnern zu gewinnen und mit entsprechenden monetären oder informationsbasierten Anreizsystemen zur Teilnahme an den OI-Maßnahmen zu bewegen.

Deutliche Vorteile gegenüber dem B2C-Markt bestehen in dem besseren technischen Verständnis von Kunden und Lieferanten für die eigenen Produkte. Auch bestehen in den Kunden- bzw. Lieferanten-Beziehungen häufig über den reinen Vertrieb hinausgehende Kommunikationskanäle (z. B. für technische Anfragen), die sich leichter nutzen lassen, um mit potenziellen OI-Partnern in Kontakt zu treten.

Außerdem sind die Produkte entlang der Wertschöpfungskette in der chemischen Industrie komplementär, sodass ein gemeinsam generierter zusätzlicher Wert (z. B. durch eine Prozessverbesserung) an das nächste Glied in der Wertschöpfungskette weitergegeben werden kann, wodurch für beide beteiligten Partner ein Wettbewerbsvorteil entsteht.

Überblick über die OI-Praxis in der chemischen Industrie

Eine Umfrage unter 42 Unternehmen der europäischen chemischen B2B-Industrie im Jahr 2012 zeigte, dass OI-Ansätze bereits in vielen Unternehmen verbreitet sind. Die Unternehmen, die Open Innovation noch nicht verfolgen, machen die Problematik des Intellectual-Property-Schutzes innerhalb der chemischen Industrie deutlich. 10 Teilnehmer gaben dies als einen der Hauptgründe gegen den Einsatz von OI-Werkzeugen an. Daneben werden fehlende Ressourcen in finanzieller und arbeitszeitlicher Hinsicht (14 Teilnehmer) sowie andere Gründe wie fehlende Ideen zur Implementierung von Open Innovation im chemischen B2B-Bereich (8 Teilnehmer) genannt [8].

Dass eine erfolgreiche Implementierung möglich ist, zeigen jedoch 22 Teilnehmer der Umfrage, die bereits unterschiedliche OI-Werkzeuge benutzen. Hierbei verfolgten alle teilnehmenden Unternehmen den Outside-in-Prozess oder einen Coupled-Prozess, was die Schwierigkeit des reinen Verkaufs von Produktideen und innovativen Prozessen in der chemischen B2B-Industrie verdeutlicht.

Die wichtigsten Werkzeuge stellen hierbei Workshops und gemeinschaftliche Entwicklungsprogramme dar (vgl. Tabelle 1). Hierdurch zeigt sich, dass Unternehmen einen besonderen Wert in spezifischem Fachwissen sehen, das über die besagten Instrumente gut zugänglich ist. Vor allem eine vertraglich gut gesicherte Umgebung erleichtert die Öffnung aller Teilnehmer und fördert so den vertrauensvollen Umgang, auch wenn hierbei eigenes Intellectual Property zur Verfügung gestellt wird.

Tabelle 1: OI-Werkzeuge in der chemischen Industrie (n = 22)				
OI-Werkzeug	Nicht genutzt	Geringe Nutzung (1-4 Projekte)	Häufige Nutzung (> 4 Projekte)	Als wichtigstes Werkzeug genannt
OI-Wettbewerb	10	9	3	1
Workshops	1	10	11	8
Öffentlich geförderte Projekte	8	10	4	0
Joint Development	5	14	3	7
Institutionelle Forschung	5	11	6	1
Broker	15	7	0	0
Technology Scouts	11	7	4	1
Patentanalyse	1	8	13	2
Lead Users	11	10	1	0
Ethnographie	12	6	4	0
Kundenbesuche/ -interviews	3	6	13	1

Die seltene Nutzung von Brokern deutet auf einen wenig etablierten Markt für den monetären Erwerb von Technologien oder Wissen in dieser Industrie, weshalb eine reine Beschränkung auf den Inside-out-

Prozess hier problematisch erscheint. Eine abschließende Beurteilung kann jedoch nicht gegeben werden, da bisher sehr wenige Unternehmen der chemischen B2B-Industrie die Möglichkeit einer Intellectual-Property-Auslizensierung oder eines Intellectual-Property-Verkaufs erwägen.

Praxisbeispiele für OI-Projekte bei Celanese

Die bei Celanese Engineered Materials implementierten OI-Projekte verfolgen primär das Ziel, neue Anwendungen für das Portfolio von vorhandenen Hochleistungswerkstoffen zu finden und ggf. notwendige Modifikationen zu identifizieren. Daneben steht die Demonstration der Vielfalt und Einsatzmöglichkeiten gegenüber potenziellen Kunden im Vordergrund. Eine Öffnung und Erschließung neuer Märkte für bestehende bzw. modifizierte Werkstoffe wird so durch den Einsatz von OI-Werkzeugen seit 2012 angestrebt.

Hierzu setzt Celanese vor allem anwendungstechnisches Know-how, Material und finanzielle Unterstützung bei gemeinschaftlichen Projekten ein, um eine größere Verwendungsvielfalt (Utilization) des eigenen Sortiments zu erreichen. Zu diesem Zweck kamen bei Celanese drei unterschiedliche, neu geschaffene OI-Werkzeuge zur Einsatz, die alle in die beschriebene Stoßrichtung wirken sollten.

Beispiel Wettbewerb auf der Fachmesse Fakuma

In einem ersten Projekt suchte Celanese im Jahre 2012 den Dialog mit Entwicklern und Ingenieuren verschiedenster Anwendungsfelder auf der Fakuma Internationale Fachmesse für Kunststoffverarbeitung die traditionell von Vertretern der Rohstoffhersteller, Kunststoffverarbeiter bzw. Händlerfirmen besucht wird. Das Unternehmen stellte dort einen extrem belastbaren Hochleistungskunststoff aus und lud zum freien Gestalten damit ein. Bei dem Material handelt es sich um ein flüssigkristallines Polymer für die Extrusion, das sich besonders zur Herstellung von tiefgezogenen großformatigen Blechformaten und -formen eignet. Da das Material sowohl bei Temperaturen bis 340 °C als auch bei sehr niedrigen Temperaturen wie etwa beim Schockfrosten eingesetzt werden kann, setzt dieser lebensmittelechte Kunststoff den Entwicklern und Ingenieuren kaum Grenzen für die kreative Form- und Farbgestaltung.

In diesem Projekt blieb das Echo in Form von neuen Ideen zur Anwendung der Produkte jedoch sehr gering, sodass keine verfolgbaren Anwendungsideen generiert wurden. Als Hauptursache hierfür sieht Celanese die abstrakte Aufgabenstellung mit der fehlenden Konkretisierung des Gestaltungvorschlags. Hinzu kam, dass die Entwickler und Ingenieure auf der Messe nicht vertraut waren mit dem Material und den bisherigen Einsatzmöglichkeiten. Auch die noch nicht geklärte Situation des generierten geistigen Eigentums wurde als problematisch angesehen.

Beispiel Schlittenbau
In einem zweiten Projekt wurde in Kooperation mit den beiden Herstellern Acapulka und Stükerjürgen ein Expeditionsschlitten (Pulka) entwickelt, der eine vierwöchige Expedition zum nördlichsten Punkt der norwegischen Insel Spitzbergen unterstützen sollte (Mission Icefox). Mit Hochleistungskunststoffen in Form von unidirektionalen Celstran CFR-TP Tapes lieferte Celanese die Basis für den Pulka, der höchste Belastbarkeit unter arktischen Bedingungen mit extrem geringem Gewicht verbindet. Die Schale des Schlittens wurde aus unidirektionalen Celstran CFR-TP Tapes gefertigt. Sie ist 170 Zentimeter lang und 63 Zentimeter breit. Unter der Persenning bietet sie ein Ladevolumen von 600 Litern. Die Kufen des Schlittens bestehen aus GUR® UHMW-PE, einem speziellen Polyethylen, das auch unter extremen Belastungen bruchsicher, kratzfest und besonders gleitfähig ist. Celanese unterstützte die Mission Icefox mit dem Ziel, die Eigenschaften der unidirektionalen Celstran CFR-TP Tapes für die Herstellung von extrem leichten und belastbaren Konstruktionsbauteilen zu demonstrieren. Mit dem Material-Know-how und der Erfahrung beim Schlittenbau der Entwicklungspartner Acapulka und Stükerjürgen wurde dieses Ziel bereits erreicht.

Die großen Formteile, die aus thermoplastischem Kunststoff gefertigt wurden, sowie die extreme Belastbarkeit, die der Pulka aufweisen muss, sind hierbei neuartig für diese Polymer-Klasse. Sie sollten als anwendungstechnische Herausforderung, aber auch als Beispiel für zukünftige Anwendungen etwa im Automobilbau dienen, wo bisher aufgrund der großen Formteile und der hohen Belastungsanforderungen in weiten Teilen noch keine Bauteile aus thermoplastischem Polymer zum Einsatz kommen.

Sowohl die positive Resonanz des Schlittenherstellers und der Expeditionsteilnehmer als auch das große Interesse der Automobilindustrie machen dieses Projekt für Celanese zu einem Erfolg im Einsatz von externem Wissen und kollaborativer Entwicklung, um eigene Produkte für weitere Anwendungen vorzubereiten und neue Märkte auf Einsatzmöglichkeiten aufmerksam zu machen.

Beispiel Designerofen

Im dritten Projekt entwickelte der brasilianische Designer Guto Indio da Costa ein in einem Stück spritzgegossenes, metallfreies Kochmodul mit Induktionsherd aus dem technischen Hochtemperaturkunststoff Vectra®/Zenite® LCP von Celanese. Die anwendungstechnischen Herausforderungen in diesem Bereich sowie das Wissen um Designansprüche und multifunktionale Einsatzmöglichkeiten brachte der Designer in die Kollaboration mit ein. Von Celanese wurden Materialien sowie Material- und Fertigungswissen in die Zusammenarbeit eingebracht. So wurden mit Vectra und Zenite LCP Kunststoffe bereitgestellt, die sehr hohe Gebrauchstemperaturen tolerieren, sehr beständig gegenüber Chemikalien sind, nicht oxidieren oder korrodieren und in verschiedenen Farben verfügbar sind. Das halogenfreie Material kommt in dünnwandigen Anwendungen zum Einsatz und ersetzt bereits in vielen Anwendungen Metall. Vectra und Zenite LCP sind extrem leichtfließend. Bauteile lassen sich mit sehr kurzen Zykluszeiten herstellen und sparen damit Zeit und Kosten bei der Herstellung.

Die technischen Vorteile des flüssig-kristallinen Hochtemperaturkunststoffs liegen auf der Hand, hat er aufgrund der geringeren Dichte

152

doch eine niedrigere Wärmekapazität als beispielsweise Stahl und ermöglicht dadurch einen auf etwa 60 Prozent reduzierten Energieaufwand zum Aufheizen des Ofens. Allerdings musste dieses technische Potenzial für den Kunden (die Hersteller von Kochmodulen) zuerst in einem voll funktionsfähigen und gut designten Beispiel greifbar gemacht werden, um einen so radikalen Umbruch beim eingesetzten Grundmaterial in Betracht zu ziehen.

Vor allem die Tatsache, dass das Team rund um Indio da Costa mit seinem Entwurf den Anforderungen moderner Haushalte entspricht, in denen Funktionalität, Nachhaltigkeit und Energieeffizienz im Vordergrund stehen, hat hier entscheidend dazu beigetragen. Mit einem Heizelement, das auf verschiedenen Etagen eingeschoben werden kann, passen die Anwender das Volumen des Ofens an den jeweiligen Zweck an und reduzieren damit den Energieverbrauch. Durch das ein- und ausklappbare Bedienfeld und eine herausziehbare Induktionskochplatte ist der Ofen außerdem sehr platzsparend und lässt sich – für den zeiteffizienten Einsatz von unterwegs – per Smartphone bedienen. Zum Lifestyle-Produkt wird der Ofen schließlich durch Farbauswahl, Spiegelbeleuchtung entlang der Tür und sein modern-funktionales Aussehen.

Fazit

Abschließend ist man bei Celanese zu der Erkenntnis gelangt, dass sich neue Märkte nur durch die Kombination von Hochleistungswerkstoffen mit fast marktfähigen Produktideen erfolgreich erschließen lassen. Materialperformance allein – ohne praktisches Aufzeigen des Kundennutzens – ist aus Sicht von Celanese kein Weg, um OI-Projekte wirksam zu gestalten. Dies zeigen die drei Projekte deutlich:

⇨ Die Präsentation des Hochleistungskunststoffs auf der Fakuma 2012 mit der Aufforderung zum Ausprobieren brachte nicht die gewünschten Ergebnisse, die Reaktionen auf das Angebot waren sehr verhalten.

⇨ Weitaus besser waren die Reaktionen beim »Pulka-Projekt«, in dem ein Expeditionsschlitten zum ersten Mal aus thermoplastischen

Kunststoffen hergestellt wurde. Insbesondere das Interesse der Automobilindustrie zeigt, dass in solchen Projekten die Performance im Vordergrund stehen muss, um potenzielle Kunden zu erreichen. Wenn diese stimmt, scheint das Interesse an dem eingesetzten Material und weiteren Einsatzmöglichkeiten stimuliert zu werden.

⇨ Um eine solche überdurchschnittliche Performance demonstrieren zu können, sieht Celanese die Zusammenarbeit mit markterfahrenen Partnern als essenziell an. Das Beispiel des Kochmoduls macht deutlich, dass nur so die relevanten und aktuellen Anforderungen der jeweiligen Industrie integriert werden können, um bei der anschließenden Präsentation solcher marktnaher Innovationen erfolgreich zu sein. Der Erfolg dieses OI-Ansatzes zeigt sich durch mehrere Anfragen von Hausgeräteherstellern, die den Designerofen mit dem Material der Celanese bauen wollen.

Literatur

[1] CANTWELL, J.: *Innovation as the principal source of growth in the global economy.* In: Archibugi, D.; Howells, J.; Michie, J. (Hrsg.): Innovation policy in a global economy, Cambridge University Press, 1999, S. 225

[2] HAUSCHILDT, J.; SALOMO, S.: *Innovationsmanagement. Vahlen 2011*

[3] FAGERBERG, J.: *Innovation: A guide to the literature.* In: Fagerberg, J.; Mowery, D. C.; Nelson, R. R. (Hrsg.): Oxford Handbook of Innovation, 1. Auflage, Oxford University Press, 2005, S. 1–26

[4] LECOU, C.: *Förderung von Ideen in der frühen phase des Innovationsprozesses. 1. Auflage, Sierke Verlag, 2012*

[5] COHEN, W. M.; LEVINTHAL, D. A.: *Innovation and learning: The two faces of R & D.* In: The Economic Journal, 1989, S. 569–596

[6] CHESBROUGH, H. W.: *Open Innovation: The new imperative for creating and profiting from technology. Harvard Business Press, 2003*

[7] HUIZINGH, E. K. R. E: *Open Innovation: State of the art and future perspectives.* In: Technovation, 31(1), 2011, S. 2–9

[8] EIDAM, S.; BROCKHAUS, E.; KEHREL, U.: *Implementation of open innovation in process B2B industries. The XXV ISPIM Conference – Innovation for Sustainable Economy & Society, Dublin, 2014*

[9] CELANESE 2012 TECHNOLOGY DAY WEBCAST 2012. ONLINE UNTER: *http://investor.celanese. com/eventdetail.cfm?EventID=117005*

[10] GASSMANN, O.; ENKEL, E.: *Towards a theory of open innovation: Three core process archetypes. R&D Management Conference (RADMA), Lissabon 2004*

[11] COOPER, R. G.; EDGETT, S.: *Ideation for product innovation: What are the best methods?* In: PDMA visions magazine, 1(1), 2008, S. 12–17

[12] ROHRBECK, R.: *Technology Scouting – a case study on the Deutsche Telekom Laboratories, 2007*

[13] SHOHET, S.: *Using technology scouting as part of open innovation. Cambridge: Sagentia Ldt., 2008*

[14] SOUSA, M.: *Open innovation models and the role of knowledge brokers. In: Inside Knowledge, 11(6), 2008, S. 18–22*

[15]   SCHROLL, A.; RÖMER, S.: *Open Innovation heute: Instrumente und Erfolgsfaktoren.*
       In: Information Management und Consulting (IM), Ausgabe 1 (2011), S. 58–63

[16]   GULATI, R.: *Alliances and networks. Strategic Management Journal, 19(4), 1998,*
       S. 293–317

[17]   HERZOG, P.; LEKER, J.: *Open and closed innovation – different innovation cultures for*
       different strategies. In: International Journal of Technology Management, 52(3), 2010,
       S. 322–343

[18]   SAXENIAN, A.: *Inside-out: Regional networks and industrial adaptation in silicon valley and*
       route 128. Cityscape, 1996, S. 41–60

[19]   SIMARD, C.; WEST, J.: *Knowledge networks and the geographic locus of innovation. In:*
       Chesbrough, H. W.; Vanhaverbeke, W.; West, J. (Hrsg.): Open Innovation: Researching a new
       paradigm, Oxford University Press, 2006

[20]   PERKMANN, M., WALSH, K.: *University-industry relationships and open innovation:*
       Towards a research agenda. In: International Journal of Management Reviews, 9(4), 2007,
       S. 259–280

[21]   SLOWINSKI, G.; HUMMEL, E.; GUPTA, A.; GILMONT, E. R.: *Effective practices for sourcing*
       innovation. In: Research-Technology Management, 52(1), 2009, S. 27–34

[22]   ERTL, M.: *Strategische Voraussetzungen für ein erfolgreiches Open-Innovation-Konzept.*
       DIFI-Tagung 2012: Erfolge mit Open Innovation – neuere Erkenntnisse und Entwicklungen,
       Geschka & Partner Unternehmensberatung, Darmstadt, 2012

[23]   McQUARRIE, E. F.: *Customer visits: Building a better market focus. ME Sharpe, 2008*

[24]   V. HIPPEL, E.: *The sources of innovation. New York: Oxford University Press, 1988*

[25]   V. STEIN, N.; GOLEMBIEWSKI, B.; SICK, N.: *Technological distance in academic collaborations*
       – evidence from battery research. The XXV ISPIM Conference – Innovation for Sustainable
       Economy & Society, Dublin, 2014

Zusammenfassung

Open Innovation lebt vom Ausprobieren. Viele Praxisbeispiele zeigen, dass gute Erfahrungen mit OI-Projekten auch im B2B-Umfeld möglich sind. Aber es zeigt sich auch, dass es – genau wie in der klassischen internen F&E – viele Hürden und Fallstricke gibt. Eine gute Planung und ein realistisches Herangehen sind daher eine wesentliche Voraussetzung für die erfolgreiche Einführung von OI-Ansätzen.

Hier hilft die Definition von Zielen, Zeithorizonten und verfügbaren Ressourcen, um die Pläne zu konkretisieren und den Aufwand und Nutzen von OI-Projekten gegenüber der interner Forschung und Entwicklung abzuschätzen. Dabei gilt: Größere Ambitionen brauchen auch größere personelle, finanzielle und zeitliche Ressourcen.

Neben Kreativität in der Ausgestaltung von Werkzeugen ist eine gute Planung im Vorfeld der Maßnahmen wichtig. Jedoch ist es genauso bedeutsam, das OI-Projekt im Nachhinein zu analysieren, um hieraus für zukünftige Projekte zu lernen und so die eigenen Kompetenzen im Einsatz von OI-Werkzeugen zu verbessern. Die im Beitrag aufgeführten Projektbeispiele verdeutlichen dies.

Nachhaltiges Innovations-
management im Mittelstand

Mittelständler können mit der Innovationsleistung großer Unternehmen nicht mithalten! Dieses Dogma ist weit verbreitet. Das Beispiel der Firma Werner & Mertz illustriert jedoch anschaulich, dass auch KMU dauerhaft innovativ sein können. Der Schlüssel dazu heißt Innovationskultur und Open Innovation (OI).

....

In diesem Beitrag erfahren Sie:
- welcher Zusammenhang zwischen Nachhaltigkeit und Innovation besteht,
- wodurch das OI-Projekt »Tenside auf Basis europäischer Ölpflanzen« gekennzeichnet ist,
- warum Open Innovation ein wesentlicher Erfolgsfaktor für KMU ist.

....

EDGAR ENDLEIN

Einleitung

Mittelständische Unternehmen gleichen oft dem berühmten gallischen Dorf. Umringt von scheinbar übermächtigen Marktteilnehmern prägt sich eine starke Identität und Widerstandskraft aus. Im Falle des in der fünften Generation familiengeführten Mainzer Traditionsunternehmens Werner & Mertz (»Erdal«) symbolisiert vor allem die Marke Frosch® diese Charakterzüge nach außen. Begleitet von potenten multinationalen Wettbewerbern erblickte der grüne Frosch® im Jahre 1986 das Licht der Welt und war von Anfang an der ökologische Gegenentwurf zu allen chemischen Kraftformeln in der Arena der Wasch- und Reinigungsmittel [4]. Die Antithese basierte auf vergleichsweise milden, haut- und umweltfreundlichen Natur- bzw. naturnahen Wirkstoffen mit hoher biologischer Abbaubarkeit. Die Flaggschiffe »Neutralreiniger«, »Essigreiniger« oder auch der »Spiritus Glasreiniger« sind

159

nach fast 30 Jahren inzwischen zur Legende geworden. Diese Marken-produkte haben nichts an Bedeutung verloren, weil die Ur-Innovation stetig weiterentwickelt wurde. Der Geist dahinter heißt Nachhaltigkeit!

Nachhaltigkeit und Innovationen

Verkürzt ausgedrückt: Nachhaltigkeit braucht Innovationen und Innovationen sollten unbedingt nachhaltig sein. Bevor aber auf wei-tere Details eingegangen wird, sollen diese beiden viel zitierten und beanspruchten Worte genauer definiert werden. Eine *Innovation* (Er-neuerung) in der Wirtschaft bedeutet die erfolgreiche Realisierung einer neuartigen Lösung für ein bestimmtes Problem. Der Begriff der *Nachhaltigkeit* wurde in der jüngeren Zeit vor allem durch den Brundtland-Bericht der Vereinten Nationen »Unsere gemeinsame Zu-kunft« aus dem Jahre 1987 geprägt. In der Folgezeit kristallisierte sich folgendes Begriffsverständnis heraus: Umweltpolitische, ökonomische und soziale Entwicklung sind als gleichrangige Ziele zu betrachten. Dieses Dreigestirn, auch Dreisäulen-Modell genannt, soll zu mehr globaler Gerechtigkeit führen und auch künftige Generationen nicht benachteiligen [5].

Vor diesem Hintergrund wird klar, dass eine Produktentwicklung mit Innovationsanspruch auf der Basis wahrhaftiger Nachhaltigkeit ein anspruchsvolles, aber lohnendes Ziel darstellt.

Innovationsfähigkeit und Unternehmenskultur

Unsicherheit über Erfolg schreckt externe Geldgeber ab [1]. Die Un-sicherheit über die technische Machbarkeit und den erhofften finan-ziellen Erfolg eines innovativen Projektes sollte dann aber vor allem auch die Unternehmensführer selbst abschrecken, geht es doch um den Einsatz wertvollen Eigenkapitals. Und sollte es zu guter Letzt noch viel mehr die Mitarbeiter selbst abschrecken, von denen die Innovation verlangt wird. Ist doch das Scheitern auf dem mühsamen Weg zur Innovation sehr viel wahrscheinlicher als das Gelingen. Und wer lässt sich schon gerne mit einem misslungenen Großprojekt in Verbindung bringen. Scheinbar erfordert eine Kultur, in der Innovationen reifen können, weit mehr als nur finanzielle Mittel [6], nämlich eine herausragende Unternehmenskultur in Sachen Innovation, eine wahrhaftige Innovationskultur [2]; [7]. Eine solche Innovationskultur profitiert von einer kontinuierlichen und verlässlichen Mittel- bzw. Langfristplanung im Vergleich zu einem kurzfristigen Gewinnmaximierungsstreben. Es braucht dafür einen Sponsor in der Geschäftsführung, der fordert und fördert, der hartnäckig eben auch längerfristige Ziele verfolgt, der Mitarbeiter weder vorschnell aus der Verantwortung entlässt, noch deren berufliches Schicksal unmittelbar mit der Zielerreichung verknüpft. Die Basis einer funktionierenden Innovationskultur ist vor allem ein wertschätzender Umgang auch mit unkonventionellen Ideen [6]. Offenheit und Neugierde gegenüber technologischem und gesellschaftlichem Fortschritt sind weitere selbstverständliche Grundvoraussetzungen. In den Innovationsteams muss idealerweise eine *Start-up-Mentalität* vorherrschen [6].

Insgesamt ist das der Boden, auf dem die Innovationssaat überhaupt nur aufgehen kann. Hinzu kommt die wirtschaftliche Notwendigkeit einer Risikominimierung bzw. positiver ausgedrückt: eine Erfolgswahrscheinlichkeitsmaximierung. Gerade der Mittelstand muss seine Ressourcen wohlüberlegt und effektiv einsetzen.

Hier bietet der *Open-Innovation-Ansatz* eine große Chance speziell für kleine und mittelständische Unternehmen (KMU) mit begrenzten Mitteln. Schließlich wird unterschätzt, dass selbst bei nicht 100%iger Zielerreichung immer noch überraschende vermarktungsfähige Teilerfolge erzielt werden können. Insofern ist der Weg zu Innovationen immer lohnend und eigentlich alternativlos, nach dem Motto: Mit Mut, unternehmerischem Verstand, Risikobewusstsein und einem sauberen Projektmanagement wird es gelingen.

Das Projekt – Hintergrund und Zielsetzung

Zunächst ein paar wenige Worte zum rein Fachlichen. Waschaktive oder oberflächenaktive Substanzen, sogenannte Tenside, sind die Hauptinhaltsstoffe von Wasch- und Reinigungsmitteln, sei es für Textilien und harte Oberflächen [8] oder sei es für Haut und Haar des Menschen [9]. Tenside können sowohl auf fossiler d. h. petrochemischer (Erdöl) als auch auf regenerativer pflanzlicher Basis (Pflanzenöl) hergestellt werden. Letztere sind zwar aus Gründen der Nachhaltigkeit grundsätzlich zu bevorzugen [10], jedoch wird als Ausgangspflanze überwiegend die tropische Ölpalme genutzt, die im großen Stil in Monokulturen bewirtschaftet wird und die den tropischen Regenwald mit allen bekannten ökologischen und sozialen Folgen zurückdrängt. Zwar fehlt es nicht an Maßnahmen den nachhaltigen Anbau von Palmöl zu fördern, dennoch bezweifeln Kritiker, dass sich die Nachhaltigkeitsziele durch entsprechende Zertifizierungen überhaupt erreichen lassen. Es ist daher erstrebenswert, Alternativen zu den oben genannten tropischen Pflanzenölen als Basis für waschaktive Substanzen zu erarbeiten. Dahinter steckt auch der grundsätzliche Gedanke des richtigen Designs von Dingen, d. h., die richtigen Dinge zu tun, anstatt die falschen zu verbessern [11]. Es geht auch darum, einen eingeschlagenen Weg beharrlich weiterzuverfolgen.

Hier setzt das vorliegende Open-Innovation-Projekt an, mit der Vision, Tenside auf Basis europäischer Ölpflanzen zu entwickeln und vor allem für Endverbraucher Produkte des täglichen Lebens zugänglich zu machen. Es wird der Weg von der Generierung der Idee bis zum Schutz des geistigen Eigentums und der erfolgreichen Markteinführung im Rahmen einer *Open-Innovation-Kultur* beschrieben.

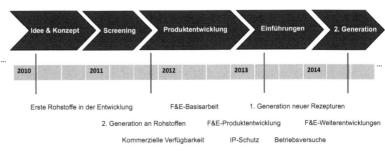

Abb. 1:   *Projekt-Timeline*

Der Weg – Paradigmenwechsel

Innovationen müssen sich immer gegen Bestehendes durchsetzen. Am Anfang eines Innovationsprojektes stehen daher immer die Standortbestimmung und die Frage: Wird sich das ambitionierte Vorhaben umsetzen lassen und überhaupt lohnen? Und wie so oft spricht zunächst einmal vordergründig mehr für den Erhalt des Status quo. Es gibt also durchaus gute Gründe, weshalb Tenside bisher überwiegend auf tropischen anstatt auf europäischen Pflanzenölen basieren [8]; [12]. Es sind wirtschaftliche und Qualitätsgründe. Unter allen bekannten kultivierten Ölsaaten liefert die Ölpalme die höchsten Erträge pro Fläche. Aus reinen Effizienzgründen verwundert es also nicht, dass die Anbauflächen für Palmöl-Plantagen in den letzten beiden Jahrzehnten stark zugenommen haben. Schon in naher Zukunft wird die globale Nr. 1 unter den Pflanzenölen jedes Jahr 60 Millionen Tonnen Öl auf sich vereinen, was einer ungefähren Verdreifachung innerhalb von nur 20 Jahren entspricht. Bei so großen bedeutsamen Rohstoffen ist es normal, dass sich in vielen Branchen eine globale Wertschöpfungskette mit teilweise sehr hoher Technologietiefe entwickelt hat. D. h., nach Jahrzehnten F&E-Aktivitäten gibt es eine Fülle von sogenannten Derivaten im Angebot, die aus anwendungstechnischer Sicht ein breites Spektrum bedienen und keine Wünsche offen lassen [8]. Mit anderen Worten: Produktentwickler finden preisgünstige und variantenreiche Inhaltsstoffe zur Formulierung qualitativ hochwertiger Endverbraucherprodukte. Europäische Pflanzenöltenside müssen sich daran messen lassen, keine einfache Ausgangssituation.

Hinzu kommt, dass man aufgrund der sogenannten Fettsäurezusammensetzung der Öle grundsätzlich gar nicht die gleichen Tenside herstellen kann. Nicht tropische Pflanzenöle aus gemäßigten Klimazonen haben beispielsweise mehr oder weniger hohe Anteile an mehrfach ungesättigten Fettsäuren, die sie zwar ernährungsphysiologisch interessant machen, aber aus technischer Sicht zur Herstellung von Tensiden eher problematisch erscheinen lassen. Ob Fettsäuren gesättigt oder ungesättigt sind, beeinflusst ihre chemischen Eigenschaften: Gesättigte Fettsäuren sind recht stabil. D. h., Licht und andere äußere

Einflüsse wie erhöhte Temperaturen lassen sie nicht so schnell altern, dadurch verändert sich ihre Qualität kaum. Ungesättigte Fettsäuren hingegen bestehen aus instabilen Molekülketten, die chemisch viel aktiver sind und die sich durch Licht und Sauerstoff schnell verändern können. Dies ist übrigens ein Grund, warum hochwertige Speiseöle in dunklen, lichtgeschützten Glasflaschen abgefüllt werden. Aufgrund der Sollbruchstellen in den Fettsäuren muss man also mit Instabilitäten rechnen und geeignete Maßnahmen zur Handhabung entwickeln. Vor allem aber unterscheiden sich einheimische Pflanzenöle in der Kettenlänge der Fettsäuren von den tropischen. Letztere bringen daher von

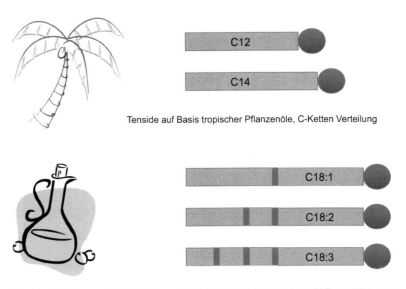

Tenside auf Basis tropischer Pflanzenöle, C-Ketten Verteilung

Tenside auf Basis europäischer Pflanzenöle, C-Ketten Verteilung und Anzahl Doppelbindungen

Abb. 2: *Tenside auf Basis unterschiedlicher Pflanzenöle*

Haus aus weitaus bessere Voraussetzungen für die betreffenden technischen Anwendungen mit [13].

Geht nicht gibt's nicht!

Gallische Dörfer müssen zwei Dinge mitbringen: *Selbstvertrauen,* einen neuen Weg einzuschlagen, und den *Realitätssinn,* nicht alles selbst leisten zu können. Für eine *»Not-invented-here«-Denke* (NIH) ist kein Raum. Vielmehr werden vertrauensvolle Partnerschaften zwischen der Industrie und universitären Einrichtungen angestrebt. Bevor es aber soweit war, wurde das Konzept zunächst einmal auf Herz und Nieren überprüft. An der weiter zunehmenden Bedeutung nachwachsender Rohstoffe (NAWAROs) und regenerativer Energien als ein Megatrend des 21. Jahrhunderts besteht kein Zweifel. Dabei bestätigten auch Marktforschungsstudien die hohe Verbraucherakzeptanz von regionalen NAWAROs [14]. Das Thema Nachhaltigkeit ist also in weiten Teilen der Bevölkerung inzwischen angekommen. Nachdem das Konzept validiert war, musste der technische Anforderungskatalog erstellt werden. Welche europäischen Ölpflanzen kommen überhaupt in Betracht? Rein mengenmäßig stellt Rapsöl die mit Abstand größte Fraktion. Aber auch Sonnenblumen- und in geringerem Umfang Olivenöl sind mengenmäßig interessant. Im Gegensatz dazu ist Leinöl ein Nischenprodukt, aber für einige technische Anwendungen sogar bevorzugt. Entscheidende Randbedingung, die sich aus dem Nachhaltigkeitsanspruch ergibt: Die stoffliche Nutzung darf nicht in Konkurrenz zum Einsatz als Nahrungsmittel stehen. In diesem Zusammenhang kann man feststellen, dass z. B. bei Rapsöl die energetische Nutzung in Form von Biodiesel die stoffliche Nutzung bei Weitem übersteigt [15]. Während die Gesamtanbaufläche für Energiepflanzen in Deutschland deutlich zugenommen hat und auch noch weiter zunehmen wird, stagniert die für die stoffliche Nutzung seit über einem Jahrzehnt. Die stoffliche Nutzung von Energiepflanzen stellt bis heute aufgrund des vergleichsweise niedrigen und auch über die Jahre konstant gebliebenen landwirtschaftlichen Flächenbedarfs keine Konkurrenz zum Nahrungsmittel Sektor dar. Hinzu kommt, dass durchaus auf nur industriell verwertbare Ölqualitäten zurückgegriffen werden kann. Die Nutzung verschiedener heimischer Ölpflanzen, die abwechslungsreich und damit nachhaltig in die häufig einseitige Getreidefruchtfolge eingebaut werden, fördert die Vielfalt genutzter Pflanzensorten und stärkt zudem die nationale Bioökonomie. Die internationale Staatengemeinschaft hat sich im Rahmen des Übereinkommens über die biologische Vielfalt 2010 in Nagoya das Ziel gesetzt, bis 2020 den Verlust an Biodiversität zu stoppen [16]. Die Verwendung spezieller, anwendungstechnisch vorteilhafter Züchtungen wurde zunächst einmal nicht verfolgt.

Anforderungsprofil: Pflichtenheft »Tenside auf Basis europäischer Pflanzenöle«

⇨ Einhaltung der Nachhaltigkeitskriterien
⇨ Ideales Preis-Leistungs-Verhältnis
⇨ Gute Verfügbarkeit
⇨ Vielfältiges Eigenschaftsprofil
⇨ Breite Einsatzmöglichkeiten
⇨ Uneingeschränkte logistische Handhabung
⇨ Beherrschbarkeit der Komplexität in Produktion
⇨ Beachtung der Qualitätsvorgaben
⇨ Risikominderungsmaßnahmen erarbeiten

Rapsöl-basierte Tenside

Als Öllieferant besitzt Raps eine lange Tradition. Raps gehört zu den bedeutendsten nachwachsenden Rohstoffen [13]. Anders als die fossilen Erdölvorräte, die irgendwann erschöpft sein werden [17], regenerieren sich diese Rohstoffe regelmäßig. Mit dem Sonnenlicht als treibender Kraft wachsen auf dem Acker energiereiche Ausgangsstoffe für eine vielfältige Nutzung [10]. Die stoffliche Verwertung von Rapsöl in Ergänzung zur mengenmäßig dominierenden energetischen Nutzung erschien ein sinnvoller Ausgangspunkt zur Herstellung von sogenannten »heimischen« pflanzlichen Tensiden zu sein. Das komplexe Anforderungs- und Eigenschaftsprofil für den Einsatz in Wasch- und Reinigungsmitteln wurde beschrieben und die hohen technologischen Herausforderungen gemeinsam mit OI-Partnern definiert. Die Aufgabenpakete wurden den Expertisen entsprechend verteilt. Während sich die Partner auf die oleochemische Umwandlung des Rapsöls konzentrierten, lag es an der eigenen F&E, Maßnahmen zur Kompatibilität und zur Stabilisierung zu erarbeiten. Die Konzentration auf die jeweils eigenen Stärken und technologischen Möglichkeiten führt zu größerem Fokus und ist damit der effizienteste Weg zur Innovation. Vor allem erlaubt es aber auch, Entwicklungsphasen parallel zu betreiben, was wertvolle Zeit spart. Es soll nicht verschwiegen werden, dass im Laufe des Projektes empfindliche Rückschläge hingenommen werden mussten. Es wurden aber auch überraschende neue vermarktungsfähige Erkenntnisse gesammelt.

Vorteile des Innovationsprojektes
»Tenside auf Basis europäischer Pflanzenöle«

⇨ Vermeidung tropischer Anbauflächen und der damit verbundenen Risiken wie zum Beispiel der Verlust an Regenwald beziehungsweise Konkurrenz zur Nahrungsproduktion
⇨ Keine Monokulturen
⇨ Kurze Transportwege
⇨ Einsatz schnell nachwachsender Rohstoffe auf Basis europäischer Pflanzenöle
⇨ Förderung traditionellen Pflanzenanbaus
⇨ Keine Abhängigkeit von Tensiden aus tropischem Anbau
⇨ Erhalt und Förderung der Artenvielfalt

Der Weg ist das Ziel

Eine wesentliche Motivation und damit Triebkraft für Innovationsvorhaben besteht im Allgemeinen darin, Alleinstellungsmerkmale zu erarbeiten, die eine exklusive Vermarktung ermöglichen sollen. Es gibt Branchen, die traditionell sehr stark auf diese Strategie zurückgreifen, um ihre teilweise sehr hohen Investitionen auf diese Weise abzusichern. Dabei wird meist ein umfassender, idealerweise »wasserdichter« eigener Patentschutz angestrebt. Für einen schnell verlaufenden OI-Prozess muss das nicht förderlich sein. Zudem scheinen endlose Patentstreitigkeiten, die ganze Organisationen längere Zeit beschäftigen können, anzudeuten, dass es heutzutage den ultimativen Schutz vor Nachahmerprodukten nicht mehr gibt. Warum also nicht gleich in die Offensive gehen? Die Pionierstrategie belohnt im Erfolgsfalle den schnellen wirksamen Erstmarkteintritt. Ein Schutz des geistigen Eigentums wäre dann zwar immer noch ein lohnendes Nebenziel, aber keine Barriere in der Zusammenarbeit mit OI-Partnern. Das vorliegende OI-Projekt ist in diesem Sinne bewusst transparent aufgesetzt worden und verfolgt sogar völlig gegensätzliche Ziele: Es soll zum Nachahmen einladen! Denn nur so werden Nachhaltigkeitsprojekte mehrheitsfähig. Indem man die entwickelte Technologieplattform durchaus sogar mit anderen bewusst teilt, ergeben sich Skaleneffekte, die allen Beteiligten nützen und der Sache dienlich sind. Am Ende ist der Weg das Ziel. Eine Marke, die dauerhaft als transparenter Pionier vom Verbraucher wahrgenommen wird, erhöht ihre Glaubwürdigkeit [18], was der eigentliche dauerhafte und damit nachhaltige *Return on Investment* (ROI) ist.

Überraschungen

Das ursprünglich formulierte Anforderungsprofil an das »neue« heimische Tensid ist nicht überraschend. Es formuliert auf Basis des Stands der Technik ein umfassendes Pflichtenheft, das auf den perfekten Rohstoff zielt. Ein Rohstoff, der alles kann, nur eben auf völlig neuem chemischen Fundament, eine notwendige Utopie eben. Natürlich mussten letztlich Abstriche gemacht werden, teilweise musste sogar komplett verworfen werden. So kristallisierte sich in der ersten Projektphase ein vielversprechendes Zielmolekül mit erstaunlichen Eigenschaften heraus. In der anschließenden Phase des sogenannten Up-Scalings vom Labor in den Pilot-Maßstab zeigten sich aber Schwächen, die eine Weiterverfolgung nicht ratsam erscheinen ließen. Die Risiken für die Herstellung im späteren Produktionsmaßstab wurden als zu hoch bewertet. Das Projekte stockte und musste neu bewertet werden. Letzteres kostete Zeit und führte zu Verzögerungen. Einzelne Phasen des Projektes mussten erneut durchlaufen werden. Zweifel an der Machbarkeit kamen auf.

Zu diesem Zeitpunkt wird Firmen- bzw. Innovationskultur – wie bereits oben näher beschrieben – zum entscheidenden Faktor. Nachhaltig muss nicht nur das Produkt sein, sondern auch der dahinter liegende Prozess, was vor allem auch die Mitglieder des Projektteams einschließen sollte. In Zeiten der Projektstagnation braucht es Motivation, neue Ideen und vor allem Vertrauen. Als das Ziel dann schließlich greifbar und realisierbar erschien, eröffneten sich überraschende neue Aspekte und eine Menge Lehrreiches. Schließlich wurde dies alles entscheidend für die Vermarktung. Nicht vorhersehbare synergistische Effekte stellten sich ein, die z. B. die Produzierbarkeit eines Produktes verbesserten, indem Zykluszeiten bei der Herstellung reduziert werden konnten. Gleichermaßen profitieren die Verbraucher durch nachweisliche *Convenience-Vorteile*. Die Erfüllung der Nachhaltigkeitskriterien wurde u. a. im Rahmen von Rezepturanmeldungen nach der EU-Ecolabel-Verordnung dokumentiert, vor allem aber auch in Cradle-to-Cradle®-Gutachten nachgewiesen [11]. Die überraschenden Effekte und die erfinderische Höhe fanden ihren Niederschlag in einer Patentanmeldung, die – wie oben erwähnt – gar kein unbedingtes primäres Projektziel war.

Literatur

[1] ZIMMERMANN, V.: *Fokus Volkswirtschaft. KfW-Mittelstandspanel.* Frankfurt am Main: *KfW Economic Research, Nr.50, 2014*

[2] ILI, S.: *Open Innovation. 100 Fragen – 100 Antworten.* Düsseldorf: *Symposion Publishing, 2013*

[3] HARDWIG, T.; BERGSTERMANN, M.; NORTH, K.: *Wachstum lernen.* Wiesbaden: *Gabler, 2011*

[4] FEITER, W.: *Frosch® & Friends. Grüne Markenführung im Markt der »Weißmacher«. Mainz: Werner & Mertz GmbH, in Veröffentlichung 2015*

[5] RADERMACHER, F.J.; BEYERS, B.: *Welt mit Zukunft. Die ökosoziale Perspektive.* Hamburg: *Murmann, 2011*

[6] WIESSMEIER, G. F. L.: *Innovationspotential noch besser nutzen.* Weinheim: *GIT, ChemManager 6/2014*

[7] ILI, S.: *Innovation Excellence. Wie Unternehmen ihre Innovationsfähigkeit systematisch steigern.* Düsseldorf: *Symposion Publishing, 2012*

[8] WAGNER, G.: *Waschmittel. Naturwissenschaftliche Reihe. Chemie und Ökologie.* Stuttgart: *Klett, 1993*

[9] SCHRADER, K.; DOMSCH, A.: *Cosmetology. Theory and Practice.* Augsburg: *Ziolkowsky, 2005*

[10] FISCHER, H.: *Stoff-Wechsel. Auf dem Weg zu einer solaren Chemie für das 21. Jahrhundert.* München: *Kunstmann, 2012*

[11] BRAUNGART, M.; MCDONOUGH, W.: *Intelligente Verschwendung.* München: *oekom, 2013*

[12] LETCHER, T. M.; SCOTT, J. L.: *Materials for a Sustainable Future.* Cambridge: *The Royal Society of Chemistry, 2012, S. 310 ff.*

[13] FACHAGENTUR NACHWACHSENDE ROHSTOFFE E.V. (FNR): *Nachwachsende Rohstoffe in der Industrie.* Rostock: *Weidner, 2010*

[14] FEITER, W.: *Marktforschung. Studie beauftragt beim Institut TNS.* Mainz: *Werner & Mertz GmbH, hausinterne Mitteilung, Mai 2014*

[15] FACHAGENTUR NACHWACHSENDE ROHSTOFFE E.V. (FNR): *Biokraftstoffe. Eine vergleichende Analyse.* Hürth: *nova-Institut, 2009*

[16] BUNDESMINISTERIUM FÜR ERNÄHRUNG UND LANDWIRTSCHAFT: *Nationale Politikstrategie Bioökonomie.* Berlin: *BMEL Broschüre, März 2014*

[17] GANSER, D.: *Europa im Erdölrausch. Die Folgen einer gefährlichen Abhängigkeit.* Zürich: *Orell Füssli, 2012*

[18] READER'S DIGEST: *Pegasus Award. Frosch® – European Most Trusted Brand 2002–2013.* Stuttgart: *Das Beste*

Zusammenfassung

KMU können mit der Innovationsleistung von Großunternehmen durchaus mithalten. Voraussetzung dafür ist neben dem effektiven Einsatz der eigenen finanziellen Mittel vor allem eine zumindest zeitweise Ergänzung der häuslichen Ressourcen durch externe Kooperationen. Für NIH bleibt dabei kein Raum. Vielmehr eröffnet das Interesse an externem Wissen den schrittweisen Aufbau neuer nachhaltiger Technologieplattformen. Damit wird Open Innovation zum Schlüssel des Erfolgs. Weitere essentielle Faktoren sind eine intakte Unternehmens- und Innovationskultur, die die Möglichkeit des Scheiterns einkalkuliert und akzeptiert. Scheitern wird so als natürliche Lernchance und als Erfahrungszugewinn begriffen. Am Ende zeigt ein einmal erfolgreich absolvierter OI-Prozess auch auf, wie Innovationen im Unternehmen systematisiert werden können. Grundsätzliche Herangehensweisen sind gelernt worden und können in weiteren OI-Projekten angewendet werden. Das ultimative Ziel muss eine Verstetigung des Innovationsprozesses in einer lernenden Organisation sein, um einen kontinuierlichen Innovationsfluss zu ermöglichen. In einer Welt mit Zukunft müssen Innovationen auf den Grundsätzen der Nachhaltigkeit beruhen. Das schafft Vertrauen. Indem man die richtigen Dinge tut, zahlt man in die Marke ein, was den größten möglichen ROI garantiert.

Open Innovation im Produktentwicklungsprozess der Audi AG

Innovation hat bei Audi eine lange Tradition. Doch für den Konzern geht es heute immer stärker darum, Lösungen zu entwickeln, die weit über das bisherige Automobil hinausgehen. Welche Rolle dabei Open Innovation spielt, zeigt dieser Beitrag anhand ausgewählter Projektbeispiele.

> **In diesem Beitrag erfahren Sie:**
> - warum Innovation bei Audi über das reine Automobil hinausgeht,
> - in welchen Audi-Projekten Open Innovation zum Einsatz kommt,
> - wie sich der Produktentstehungsprozess bei Audi kundenorientiert gestaltet.

CHRISTIANE STARK, MIRKO REUTER

Neue Herausforderungen der Mobilität

Innovation hat bei Audi eine lange Tradition, »Vorsprung durch Technik« ist ein von allen Mitarbeitern gelebter Anspruch. Permanent innovativ zu denken und nach neuen Lösungen zu suchen, gehört zur DNA des Unternehmens. Aber Innovation geht auch bei einem Automobilkonzern wie Audi mittlerweile weit über das reine Fahrzeug hinaus, wie es Professor Rupert Stadler, Vorsitzender des Vorstands der Audi AG, formuliert: »Das Ziel von Audi ist nicht nur, Automobile zu verbessern, sondern Mobilität neu zu definieren.«

Der Mega-Trend unserer Zeit heißt: Menschen verbinden. Das stellt einen Automobilkonzern vor ganz neue Herausforderungen. Menschen wollen in allen Bereichen ihres Lebens mobil sein, miteinander kommunizieren, ihre Erfahrungen teilen – und das über gewohnte Grenzen hinaus. Ein Automobilkonzern muss Lösungen für diese Herausforderungen finden und passende Produkte entwickeln, die weit über das bisherige Automobil hinausgehen. Bei Konnektivitäts- und Mobilitätskonzepten sind ganz neue Wege zu beschreiten. Professor Dr. Ulrich Hackenberg, Mitglied des Vorstands der Audi AG, Technische Entwicklung, hält dazu fest:»In der Elektronik sind die Innovationszyklen extrem kurz und der Wettbewerb ist besonders intensiv. Wir betrachten das als Verpflichtung, noch progressiver, agiler und innovationsfreudiger zu werden.«

Beispiele für OI-Projekte bei Audi

Audi deckt im Verbund des Volkswagen-Konzerns mit über 40.000 Entwicklern alle Kompetenzfelder ab – vom Design über Aggregate, Materialien und Leichtbau bis hin zum Motorsport. In dieser einmaligen Konstellation und einer starken Innovationskultur liegt ein ausgesprochenes Alleinstellungsmerkmal der Audi Group. Dennoch ist natürlich gerade dort, wo Audi mit seinen Entwicklungen Trends setzt und neue Wege beschreitet, Inspiration von außen wichtig. Darum ist Open Innovation – also die Öffnung der Innovationsprozesse und die aktive strategische Nutzung der Außenwelt zur Vergrößerung des Innovationspotenzials – ein wichtiger Bestandteil des Audi-Innovationsprozesses. So gestaltet das Unternehmen aktiv die Zukunft der Mobilität.

Audi Urban Future Award

Ein Beispiel für Open Innovation ist die »Audi Urban Future Initiative«. Sie geht von der Frage aus: Wie sieht die urbane Mobilität der Zukunft aus? Um dies zu beantworten, bedient sich Audi intensiv der Möglichkeiten von Open Innovation. Der OI-Ansatz steht im Zentrum des *Audi Urban Future Award,* der im Rhythmus von zwei Jahren ausgelobt wird. Audi forscht gemeinsam mit Stadtplanern, Architekten, Soziologen und Mobilitäts-Experten zur Mobilität der Zukunft.

Unter dem Leitmotiv »Auto findet Stadt« treten beim diesjährigen Audi Urban Future Award vier interdisziplinäre Teams an, um urbane

174

Umbrüche in vier Städten zu validieren: Berlin, Boston, Mexiko-Stadt und Seoul. Die Wettbewerbsbeiträge docken an konkrete aktuelle Stadtentwicklungsprojekte an. Eine international besetzte Jury zeichnet im Oktober das beste Konzept mit dem Audi Urban Future Award 2014 aus. Dazu noch einmal Professor Rupert Stadler: »Die Mobilität der Zukunft ist keine Frage von Ideologien. Die deutsche Auto-Industrie braucht eine konzertierte Agenda mit den Städten und Kommunen. Mobilitätsrevolution ist das große Chancenthema des 21. Jahrhunderts.«

Nachhaltigkeit und Fortschritt sind dabei kein Widerspruch. Gerade durch technologischen Fortschritt bringen wir mehr Nachhaltigkeit in unsere Städte. Weniger Lärm, saubere Luft, mehr Lebensraum, mehr Lebensqualität – das ist Audis Vorstellung von Mobilität der Zukunft. Metropolen, die bislang von Staus und Verkehrsstress gezeichnet sind, können durch neue Technologien weiterentwickelt werden. So analysieren in Mexiko-Stadt Harvard-Professor Jose Castillo, Gabriella Gomez-Mont, Leiterin des Think Tanks »Laboratorio Para La Ciudad«, und der IT-Wissenschaftler Carlos Gershenson Daten zu Verkehrsflüssen und zu Mobilitätsverhalten auf Basis von Crowdsourcing-Techniken.

Das Auto als Mobile Device

Wie in einer Welt von Car-to-Everything und Everything-to-Car das Auto zum ultimativen *Mobile Device* werden kann, erforschen in Seoul der Ethnograph und Experience-Designer Sung Gul Hwang, der Designer Yeongkyu Yoo sowie Cho Taek Yeon, Stadtplaner und Professor an der Hongik-Universität. Erdacht für die Trendsetter in Seouls mondänem Stadtteil Gangnam, soll es Schnittstelle zur digitalen Stadt, soziales Interaktionsmedium und Entertainmentmaschine gleichzeitig sein. Audi bringt Expertise aus den Bereichen Smart Displays, Audi connect und Design in das Projekt ein.

Ein weiteres Beispiel für Open Innovation ist Audis Zusammenarbeit mit führenden Unternehmen der Elektronikindustrie, unter anderem mit Google und Apple. Auch hier macht Audi das Auto zum Mobile Device, das nahtlos und in Echtzeit mit seiner Umwelt vernetzt ist. Eine große Herausforderung ist dabei der Kundenwunsch nach Simplizität – Technik wird immer komplexer, soll aber für den Nutzer immer einfacher werden und selbsterklärend zu handhaben sein. Ein weiteres großes Innovationsfeld ist das pilotierte Fahren, bei dem der Kunde in bestimmten Situationen, wie zum Beispiel Stau oder Stop-and-Go-Verkehr entlastet wird. Hier bieten sich ganz neue Möglichkeiten, das Fahrerlebnis zu gestalten.

Der Hackathon bei Audi Innovation Research

Um Open Innovation auch vor Ort in wichtigen Absatzmärkten zu fördern, wurden die sogenannten A.I.R. (Audi Innovation Research)-Büros in San Francisco und Peking gegründet. Hier forschen Audi-Mitarbeiter gemeinsam mit lokalen Partnern zu den künftigen Bedürfnissen der Kunden.

Das A.I.R.-Büro San Francisco hat kürzlich einen sogenannten »Hackathon« durchgeführt: Hackathons bieten eine Gelegenheit, sich mit Menschen verschiedenster Professionen und Disziplinen auszutauschen und zu vernetzen, sie erlauben das Lernen durch Erfahrung, Zusammenarbeit und Teamarbeit. Unterschiedliche Kompetenzen von verschiedenen Experten erzeugen durch Diskussion und operatives Arbeiten an einem möglichen Lösungsansatz einen echten Output an innovativen Ideen von unterschiedlichen Blickwinkeln.

Ein Hackathon liefert kulturelle Einblicke über Bedürfnisse und Wünsche einer Gesellschaft und verknüpft dies mit integrierten schnellen Lösungsansätzen durch Pretotyping. *Pretotyping,* im Gegensatz zum klassischen *Prototyping,* definiert sich als »Prüfung der anfänglichen Attraktivität und der tatsächlichen Nutzung eines potenziellen neuen Produktes durch die Simulation seiner Kernerfahrungen mit dem kleinstmöglichen Aufwand an Zeit und Geld«. Einfacher gesagt ist Pretotyping eine Methode, um sicherzustellen, dass das, was man ent-

176

wickelt, richtig ist, bevor man es richtig entwickelt. Das Pretotyping ist also dem Prototyping vorangestellt.

Das A.I.R.-Team hat diese Definition auf den *Orchestration Hackathon* angewendet und zu einem Event zusammengefasst, bei dem 18 Experten unterschiedlicher Disziplinen drei Tage lang am selben Ort mit bereitgestellten Ressourcen an der Idee *Orchestration* arbeiteten. In diesem Fall spielte sich alles auf dem Gelände des Sonoma Racetracks ab, einer Rennstrecke im Norden von San Francisco. Gestellt wurden diverse Werkzeuge, analog und digital, um in das zu Verfügung gestellte Auto *hacken* zu können.

Zum Auftakt durften die Teilnehmer verschiedene Audis, unter anderem einen R8, unter Anleitung von professionellen Fahrern auf der Rennstrecke testen. Diese Erfahrung hat die richtige Stimmung kreiert und den Teilnehmern die Möglichkeit gegeben, sich tiefer mit dem Produkt auseinanderzusetzen. Zusätzlich gab es Präsentationen zu neuesten Innovationen des Audi-Konzerns und erste Impressionen zum Thema Orchestration.

Da der Auftakt zum Hackathon zeitlich eine Woche versetzt war, hatten die Teilnehmer nach der persönlichen Erfahrung *(Immersion Experience)* einige Tage Zeit, sich mit dem Thema Orchestration auseinanderzusetzen und sich auf das kommende Arbeitswochenende vorzubereiten. Der eigentliche Hackathon dauerte dann zwei ganze Tage, in denen mit verschiedenen Brainstorming-Übungen begonnen wurde, in das Thema Orchestration einzusteigen. Die verschiedenen Ideen wurden schnell in diverse Prototypen umgesetzt, das zur Verfügung gestellte Auto wurde in verschiedenen Ebenen gehackt, mit dem Ziel, die einzelnen Ideen und Lösungsansätze in einer zusammenhängenden Story zu erzählen.

Eine richtige und präzise Fragestellung ist bei Formaten wie einem Hackathon außerordentlich wichtig, um ein konkretes Ergebnis zu erzielen. Die entstehende Energie und Kreativität sowie das Innovationspotenzial wollen in Bahnen gelenkt werden. Hierbei sind direkte Einblicke *(Insights)* und der Kontakt zu firmeninternen Experten wichtig, diese liefern Hintergrundinformation, bieten Ansprechpartner bei konkreten Fragen und schaffen eine Atmosphäre, in der den Teilnehmern das Gefühl vermittelt wird, dass ihre Ideen und Lösungsansätze direkt weiterverarbeitet werden und nicht verloren gehen.

Expertenforum Future Premium

Ein weiteres Beispiel für Open Innovation ist das sogenannte *Expertenforum Future Premium*. Das A.I.R.-Team in San Francisco führt regelmäßig Experteninterviews mit Menschen aus unterschiedlichen Disziplinen durch. Während sich der Großteil dieser Gespräche an der Westküste der Vereinigten Staaten abspielt und nur einen direkten Gesprächspartner involviert, wurde das Expertenforum Future Premium bewusst entgegengestellt. Zu dieser Diskussion am runden Tisch wurden neun *Influencer* aus New York eingeladen, größtenteils mit beruflichem Hintergrund im vorgelagerten Zielsetzungsprozess (Frontloading), also Menschen, die sich aus beruflichen Gründen schon intensiv mit neuesten Trends und Drivern beschäftigen. Der Veranstaltungsort und die Gästeliste sind bewusst an die Stadt New York gebunden, da dieser Standort dem Innovationsfeld »Premium & Luxus« am nächsten ist und sich hier die kulturelle und ästhetische Avantgarde finden lässt.

Die richtige Atmosphäre setzt den Ton des Gesprächs. Vor Beginn der Diskussion, die in den Räumlichkeiten des New Museum in New York stattfand, gab es eine Führung durch die aktuelle Ausstellung. Dieser Start bot eine ausgezeichnete Gelegenheit, sich auf das Thema Premium & Luxus einzulassen und erste Worte mit den anderen Teilnehmern zu wechseln. Die Gruppendiskussion wurde vom A.I.R.-Team moderiert. Im ersten Teil stieg man tief in das Thema Premium ein, Begrifflichkeiten wurden geklärt und Thesen zur Zukunft des Luxus aufgestellt. Im zweiten Teil wurden diese Ergebnisse dann auf das Produkt Auto direkt angewendet und Konzepte im Hinblick auf Premium weitreichend beleuchtet. Der rote Faden des Abends zog sich also von der Gesamtsphäre Premium & Luxus bis hin zum eigentlichen Produkt. Als Kontrast zu der Gruppendiskussion wurden die Gäste zusätzlich einzeln interviewt, um möglichst aussagekräftige Stellungnahmen zu bekommen.

Ein weiterer Impulsgeber sind für Audi die vielfältigen, weltweiten Hochschulkooperationen, in denen ein starkes und sehr dynamisches Innovationspotenzial steckt.

Kundenorientierung bei der Produktentwicklung

Der Anspruch bei allen Audi-Entwicklungen ist es, Zukunft in Serie zu bringen. Technologie ist für das Unternehmen niemals Selbstzweck, sondern dient dem Kunden und soll von ihm in den Produkten ganz konkret erlebbar sein.

Dafür legt der Audi-Vorstand gemeinsam mit der Kernmannschaft, die an einem neuen Projekt arbeitet, zum Projektstart in einem *Kundentag* die wesentlichen Eigenschaften und Innovationen des neuen Audi-Modells fest. Dafür setzten sich Vorstand und Entwicklungsteam im Kundentag sehr intensiv mit den künftigen Kundenwünschen auseinander und legen die Leitplanken für das Projekt fest.

Dann werden die Kundenanforderungen an das Produkt in das Projekt eingebracht und in eine unternehmens- bzw. entwicklungskonforme Sprache übersetzt, die sogenannte *Eigenschaftsplanung*. In einem nächsten Schritt werden nun die Kundenanforderungen in ein *Eigenschaftsprofil* überführt, das wiederum ein Bindeglied zwischen Kundenanforderung und technischer Umsetzung bildet.

Eigenschaftsplanung

Die aus den so ermittelten Kundenanforderungen abgeleiteten Produkteigenschaften bilden eine wichtige Grundlage zur Produktdefinition im Rahmen der Fahrzeugentwicklung. Sie stellen das Bindeglied zwischen der Kundenperzeption und der Technik dar und fokussieren über den Entwicklungsfortschritt die Auswahl von Technologien, Konzepten und Innovationen.

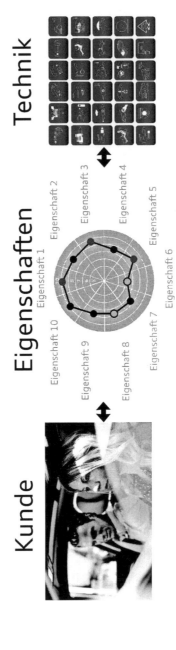

Abb. 1: *Zusammenhang zwischen Kundenanforderungen, Produkteigenschaften und Technik*

Innerhalb der Audi Group erfolgt die Eigenschaftsplanung eines Fahrzeugprojekts bzw. eines konkreten Derivats auf Basis eines umfassenden Eigenschaftsprofils. Dieses bildet im Konkreten qualitativ die Ziele auf Basis des zugrunde liegenden Eigenschaftsgerüstes ab. Diese Parameter und Werte beschreiben die Produktcharakteristik und das Fahrzeugverhalten aus Kundensicht.

Qualitativ erfolgt anschließend die Definition technischer Zielwerte bzw. unterstützender Parameter, um dies im Rahmen der Entwicklung zielgerichtet entwickeln zu können.

Das Eigenschaftsgerüst beinhaltet alle Eigenschaften der Fahrzeuge und der unmittelbar mit dem Fahrzeug verknüpften Schnittstellen. Diese werden dort in drei unterschiedlichen Ebenen aggregiert, wobei eine übergeordnete Ebene die Eigenschaften der jeweils unteren zu einer zusammenfasst. Die offensichtliche Wahrnehmbarkeit durch den Kunden ist in der obersten Ebene am höchsten und wird mit steigender Tiefe spezifischer und erfordern genauere Beobachtung und teilweise gezieltes Beurteilungstraining.

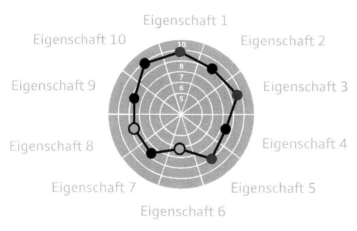

Abb. 2:   *Eigenschaftsgerüst*

Während sich innerhalb der letzten Jahrzehnte die Basis des Kundenerlebnisses um das Produkt Auto inkrementell weiterentwickelte, befindet sich diese momentan im deutlichen Wandel. Einflüsse wie die dauerhafte Vernetzung innerhalb und außerhalb des Fahrzeugs prägen selbstverständlich auch die Kundenerwartungen und werden daher innerhalb der Eigenschaftsplanung durch kontinuierliche Adaption abgebildet.

Eigenschaftsdefinition

Beim Start eines Fahrzeugprojekts werden zur Erstellung der Eigenschaftsprofilierung im Detail die vorher beschriebenen internen wie externen Quellen und Tools verwendet. Beispielsweise wird basierend auf den Kundenerwartungen, die durch Benchmarks, Studien und Kliniken gestützt werden, ein Anforderungsprofil aus Kundensicht an das zukünftige Produkt formuliert. Durch eine interne Differenzgewichtung gestützt, wird dieses Anforderungsprofil – basierend auf der strategischen Wettbewerbsdifferenzierung – mit den Produktausprägungen direkter Wettbewerbsprodukte verglichen, um daraus die aktuelle Position und zusätzlich eventuelle Handlungsbedarfe und übergreifende Handlungsfelder und Handlungsschwerpunkte für die folgende Produktentwicklung aufzuzeigen.

Diese Handlungsschwerpunkte werden dann im Rahmen der technischen Entwicklung mit konkreten Maßnahmen belegt, um die gewünschte Produktprofilierung zu erreichen. Methodisch wird dieser Prozess bei Audi im Rahmen einer Qualitätsfunktionsdarstellung zwischen den technischen Maßnahmen und der Zieleigenschaftsausprägung abgebildet. Dieser Prozess stellt neben der Sicherstellung einer fokussierteren Entwicklung ebenfalls eine Basis für die interne Priorisierung unterschiedlicher technischer Lösungsansätze zur Verfügung.

Gestützt durch die technische Expertise der Audi-Produkt- und -Funktionsentwickler sowie durch die Applikateure der jeweiligen Fahrzeugbaureihe ist so eine frühzeitige und fundierte Auswahl der technischen Lösungsmöglichkeiten zur Erreichung der gewünschten Produkteigenschaften möglich.

Die Eigenschaftsdefinition und Eigenschaftsprofilierung bildet während des anschließenden Entwicklungsprozesses eine Basis, um die Kundenerwartung dauerhaft im Fokus der Entwicklung zu behalten. Im Rahmen mehrerer entlang des Produktentstehungsprozesses gestaffelter Meilensteine wird der aktuelle Entwicklungsstand mit den Zielen verglichen, um die Entwicklungsqualität der endgültigen Fahrzeugeigenschaften grundlegend zu bestätigen.

Im Umfeld der ständigen Weiterentwicklung von Technologie, Gesetzen und Anforderungen bietet die beschriebene Systematisierung dieser Prozesse eine bewährte Basis für eine nachhaltige Produktgestaltung im Spannungsfeld zwischen Nutzen, Aufwand und Kosten. Durch die implizite Fokussierung auf die Eigenschaften aus Kundensicht können dadurch frühzeitig wichtige Entwicklungsprioritäten und Rahmenbedingungen festgelegt und im fortgeschrittenen Prozess stetig bis zur finalen Freigabe optimiert werden.

Zusammenfassung

Der Mega-Trend unserer Zeit heißt: Menschen verbinden. Das stellt einen Automobilkonzern vor ganz neue Herausforderungen und führt ihn dazu, Produkte zu entwickeln, die weit über das bisherige Automobil hinausgehen. Gerade dort, wo Audi mit seinen Entwicklungen Trends setzt und neue Wege beschreitet, ist Inspiration von außen wichtig. Darum ist Open Innovation ein wichtiger Bestandteil im Innovationsprozess. Projektbeispiele wie der Audi Urban Future Award, der Hackathon bei Audi Innovation Research oder das Audi-Expertenforum Future Premium verdeutlichen dies.

Dabei ist der Anspruch bei allen Audi-Entwicklungen, Zukunft in Serie zu bringen. Technologie ist für das Unternehmen niemals Selbstzweck, sondern dient dem Kunden und soll von ihm in den Produkten ganz konkret erlebbar sein.

Daher setzt sich das Unternehmen sehr intensiv mit den Wünschen seiner Kunden auseinander. Im Rahmen seines Produktentwicklungsprozesses ist Audi bestrebt, die Kundenanforderungen in das Projekt einzubringen und durch eine entsprechende Planung, Definition und Profilierung der Produkteigenschaften die Kundenerwartung dauerhaft im Fokus der Entwicklung zu behalten.

Geschäftsmodell-Innovation

Neue Geschäftsmodelle durch Innovationsökosysteme

Wenn es um die Entwicklung neuer service-orientierter Geschäftsmodelle geht, kommt branchenübergreifenden Wertschöpfungsnetzwerken eine immer größere Bedeutung zu. In diesen Innovationsökosystemen wird die Positionierung des eigenen Unternehmens zum strategischen Erfolgsfaktor.

In diesem Beitrag erfahren Sie:
- warum Unternehmen in Innovationsökosystemen service-orientierte Geschäftsmodelle entwickeln,
- welche Netzwerkarchitekturen integrierte Lösungsangebote ermöglichen,
- wie ein Unternehmen seine strategische Rolle im Netzwerk ausgestalten kann.

SEBASTIAN HEIL, ELLEN ENKEL

Einleitung

Kollaborative Innovationen zwischen mehreren Organisationen aus der bestehenden Wertschöpfungskette oder anderen Branchen ermöglichen es, die Innovationskraft maßgeblich zu stärken oder neue unternehmerische Potenziale zu erschließen und dabei Zeit, Kosten und somit Risiken für die Entwicklung zu senken. Ergebnis der Kollaboration sollen Produkt-, Prozess-, Dienstleistungs- oder Geschäftsmodellinnovationen sein, wobei insbesondere die Kombination mit branchenfremdem Wissen zu radikaleren Innovationen führt, überdurchschnittlich zu Umsätzen beiträgt sowie Entwicklungszeit und -kosten erheblich verringert. Durch technologische Treiber wie die Digitalisierung folgen die Prozesse der Wertentstehung ferner nicht mehr dem linearen Kettenmodell innerhalb einer Branche. Vielmehr verschwimmen Branchengrenzen und Branchenarchitekturen verändern sich, sodass neue Chancen und Notwendigkeiten für eine branchenübergreifende Zusammenarbeit komplementärer Akteure entstehen. Entsprechend wird es für Unternehmen zum strategischen Imperativ, ihre Denkweisen von einer rein organisationalen auf eine inter-organisationale sowie von einer rein produkt- auf eine service-orientierte, geschäftsmodellbezogene Logik zu erweitern – innerhalb und jenseits von etablierten Branchengrenzen.

Vor diesem Hintergrund steigt die Bedeutung branchenübergreifender Wertschöpfungsnetzwerke bzw. sogenannter »Innovationsöko-systeme« mit Anbindungsmöglichkeiten mehrerer externer Partner und Kunden. Doch wie lassen sich Innovationsökosysteme gezielt gestalten? Die Antwort: durch die Macht von Plattformstrategien und Netzwerkeffekten. Im Innovationsökosystem entsteht Wert vereinfacht gesprochen dadurch, dass ein Unternehmen mehrere komplementäre Akteure zusammenbringt und ihnen hierfür eine Plattform und zugehörige Dienstleistungen anbietet. Externes Wissen zur Steigerung der Innovationskraft aller beteiligten Unternehmen kann so integriert oder Transaktionen zwischen unterschiedlichen Nutzergruppen abgewickelt werden.

Dies ist insbesondere der Kern der erfolgreichen Geschäftsmodelle einiger Hard- und Softwarehersteller wie Apple, Facebook, Google, Intel und Microsoft, die sich durch Plattformstrategien so viele (zukünftige) Einnahmen sichern konnten, dass sie aktuell zu den wertvollsten Unternehmen der Welt zählen. Plattformen können jedoch nicht nur im Umfeld der Informations- und Kommunikationstechnologie (IKT) erfolgreiche Geschäftsmodelle bilden. Strategisch interessant sind plattformzentrierte Netzwerkarchitekturen auch in traditionellen Branchen, insbesondere für integrierte Lösungsangebote, die ansonsten überhaupt nicht oder nur in Verbindung mit erheblichen Risiken oder unakzeptablem Zeitbedarf vollzogen werden könnten.

So weisen erfolgreiche service-orientierte Geschäftsmodellinnovationen der jüngsten Zeit, wie beispielsweise »Car2Go« (Daimler), »Persil Service« (Henkel) oder »Qivicon« (Deutsche Telekom), Charakteristika plattformzentrierter Netzwerkarchitekturen auf, in denen – neben Grundlagentechnologien – Marken, installierte Kundenbasen sowie ein tiefgreifendes Kundenverständnis als Plattform fungieren und komplementäre Akteure anziehen. Dabei nimmt das fokale, also initiierende Unternehmen mit der Wahl des Plattformtyps eine definierte Netzwerkrolle ein. Insofern besteht die Herausforderung darin, das eigene Unternehmen im Netzwerkzeitalter als Plattform so zu positionieren, dass sich externe Partner mit zusätzlicher Wertschöpfung aufschalten und verschiedene Dienstleistungsangebote für den Kunden über diese Plattform angeboten werden. Unternehmen, die sich dieser Herausforderung stellen, haben mittel- und langfristig eine gute Chance, eine strategische Positionierung in einem Innovationsökosystem aufzubauen. Erste Erkenntnisse über unternehmensinterne und -externe Voraussetzungen, Netzwerkarchitekturen und mögliche Netzwerkrollen werden im Folgenden diskutiert.

Von Open Innovation zu Innovationsökosystemen

Vor einigen Jahren wurde die Diskussion um die kollaborative Innovation zwischen zwei Unternehmen sowie Experten und Endkunden noch unter der Überschrift »Open Innovation« als Alternative zur Eigen- oder Fremdentwicklung geführt. Mittlerweile ist jedoch eine geschäftsmodellbezogene und multilaterale Sichtweise prägend für das kontinuierliche Streben nach verbesserter Innovation und Wirtschaftlichkeit. Als Folge markt- und technologiegetriebener Entwicklungen rund um die Digitalisierung haben sich in den letzten Jahren viele neue kollaborative Geschäftsmodelle herausgebildet. Darüber hinaus hat sich die branchenübergreifende Zusammenarbeit in »Innovationsökosystemen« zu einem wichtigen Thema entwickelt und stellt inzwischen sowohl für kleinere und mittlere Unternehmen (KMU) als auch für Großunternehmen eine vielversprechende strategische Option dar. Das Zusammenwachsen und Vermischen (Konvergenz) von Technologien führt auch in traditionellen Branchen wie Automobil, Beleuchtung, Haushaltsgeräte oder Konsumgüter dazu, dass neue Märkte für integrierte Lösungsangebote entstehen und die Architektur der Wertschöpfungskette neuen Mustern folgt. So können einzelne Stufen der Wertschöpfung losgelöst und in einem flexiblen Verbundsystem von

Ressourcen und Kompetenzen mit anderen Unternehmen neu zusammengesetzt werden. Am Ende stellt sich nicht mehr ein einzelnes Unternehmen dem Wettbewerb, sondern ein Netzwerk spezialisierter Unternehmen mit breitgefächerten und spezialisierten Ressourcen und Kompetenzen.

Open Business Models

Während Open Innovation die Öffnung des Innovationsprozesses aus einer eher technologischen Perspektive heraus beschreibt, fordert Chesbrough [1] in seinem Konzept der Open Business Models die Öffnung des gesamten Geschäftsmodells. Kollaborative Geschäftsmodelle enthalten mehr, als extern nach neuen Ideen zu suchen bzw. eigene Ideen zu vermarkten. Das eigene Geschäftsmodell muss ebenfalls innoviert werden. Gemeint ist die Art und Weise, wie Unternehmen gemeinsam Nutzen für den Kunden schaffen und darauf abgestimmt gemeinsam Komponenten des Geschäftsmodells formulieren und einsetzen. Durch die Öffnung von Geschäftsmodellen steigt die Innovationsfähigkeit, sinken die Kosten für Innovationen, verringern sich die Produkteinführungszeiten und letztlich werden auch Risiken mit anderen Unternehmen geteilt.

Bei der Entwicklung von neuen Geschäftsmodellen bietet zusätzlich der Ansatz der Cross-Industry-Innovation zentrale Hebel zur Wertschaffung [2]. Insbesondere kundenzentrierte Elemente wie die Gestaltung der Kundenbeziehung und das gewählte Umsatzmodell sowie Wertschöpfungsquellen wie die Erzeugung von Lock-in-Effekten und die Zusammenstellung innovativer Bündel von Produkten und Dienstleistungen [3] lassen sich von anderen Branchen übertragen und in adaptierter Form zu neuen Geschäftsmodellen zusammenfügen [4]. So hat beispielsweise Hilti das Flottenmanagement aus der Automobilbranche auf das Management seiner Elektrowerkzeuge übertragen (statt Einzelverkauf), Daimlers »Car2Go« ein mobilfunk-ähnliches Abrechnungssystem für Mobilität als Dienstleistung entwickelt (statt Verkauf von Fahrzeugen) oder das Schweizer Unternehmen Blacksocks ein Abonnement-Modell für Socken eingeführt, das dem von Zeitschriften ähnelt. Als Auswahlkriterien für das zu kopierende Element im Geschäftsmodell standen die jeweilige Erhöhung der Kundennähe sowie die Umstellung auf langfristige Beziehungen anstelle einzelner Produktverkäufe im Vordergrund.

Die Auflösung bisheriger Wertschöpfungs- und Branchenstrukturen erfordert darüber hinaus eine Veränderung der kollaborativen Geschäftsmodellmuster – hin zu einem Innovationsökosystem. Dadurch wird es Unternehmen möglich, sich noch stärker auf die eigenen Kernkompetenzen zu konzentrieren und branchenübergreifend gezielt wichtige Partner ins Geschäftsmodell zu integrieren, um mit vereinten Kräften Wettbewerbsvorteile in einer ausreichenden Breite und Tiefe zu erzielen.

Innovationsökosysteme

Wie bei vielen aktuellen Themen der strategischen Managementforschung hat sich bezüglich Innovationsökosystemen noch kein durchgängig einheitliches Begriffsverständnis etabliert. Es herrscht jedoch weitgehend Einigkeit darüber, dass Innovationsökosysteme [5] als netzwerkartige Organisationsformen betrachtet werden können, die sich durch relativ stabile kollaborative Beziehungen zwischen mehreren rechtlich selbständigen und zugleich wirtschaftlich verbundenen Organisationen auszeichnen [6]. Die einzelnen Akteure agieren als Wertschöpfungsquellen, die ihre individuellen Ressourcen und Kompetenzen in das Netzwerk einbringen, um damit die gemeinsame Wertschöpfung im Netzwerk zu optimieren. Der Planungshorizont der gemeinsamen Wertschöpfung ist in der Regel auf eine längerfristige Zusammenarbeit angelegt, wobei das Netzwerk einer dynamischen Evolution gemäß der jeweils fokussierten Leistungserstellung und Zielsetzung unterliegt.

Ziel eines solchen Wertschöpfungsnetzwerks ist die Realisierung kollaborativer Wettbewerbsvorteile, deren Nutzen größer ist als die Summe der einzelnen Teile. Dadurch, dass jeder beteiligte Partner eine spezifische Kernkompetenz in das Netzwerk einbringt, lässt sich der Zielkonflikt zwischen einem breiteren, vielfältigeren Leistungsangebot einerseits und einer hohen Spezialisierung andererseits lösen. Hintergrund ist die Verbindung von Vorteilen einer flexibleren Aufgabenverteilung und Kapazitätsauslastung auf Netzwerkebene mit Spezialisierungsvorteilen auf der Ebene der einzelnen Akteure (Skalen- und Verbundeffekte). Auch sind die Partner nicht auf das alleinige Agieren im Netzwerk limitiert, sondern können zusätzliche nicht-kooperative Geschäftsmodelle verfolgen oder sich mit anderen Kompetenzen in anderen Netzwerken einbringen.

Die Netzwerkkoordination erfolgt in der Regel durch ein sogenanntes fokales Unternehmen. Dabei findet die Wertschöpfung im Umfeld dieses Kernunternehmens statt, während die beteiligten Partner komplementäre, für das gemeinsame Leistungsangebot benötigte Ressourcen und Kompetenzen einbringen. Dies funktioniert umso besser, je stärker die Einzelressourcen und -kompetenzen komplementär zueinander sind. Beispiele für Innovationsökosysteme finden sich insbesondere im Umfeld der IKT, im Spannungsfeld zwischen der erfolgreichen Ausschöpfung bestehender Marktpositionen und dem gleichzeitigen Aufbau neuer Geschäftsmodelle. Diese Modelle erfordern eine Zusammenarbeit sowohl auf vertikaler als auch horizontaler Ebene mit Partnerunternehmen von innerhalb und außerhalb der etablierten Wertschöpfungskette und sogar Wettbewerbern.

Plattformzentrierte Netzwerkarchitekturen

Innovationsökosysteme entstanden in der Vergangenheit primär auf technologischen Plattformen der IKT, die den wirtschaftlichen Nährboden für das gesamte Netzwerk bilden. Dabei werden die Kernelemente der Plattform durch ein fokales Unternehmen zur Verfügung gestellt und durch eine Vielzahl komplementärer Akteure ergänzt [7]. Beispiele für die Nutzung derartiger Plattformen wurden bislang vor allem im Kontext rein digitaler Geschäftsmodelle anhand von Firmen wie Apple, Cisco, Intel und Microsoft untersucht, die durch ihre Plattformen technologische Standards etabliert haben, ebenso wie Amazon, eBay, Facebook, Google und zahlreiche Kreditkartenfirmen, die durch Plattformen unterschiedliche Marktseiten miteinander verbinden.

Damit ein fokales Unternehmen die Plattformführerschaft sichern kann, muss es in der Lage sein, essenzielle Ressourcen und Kompetenzen zur Verfügung zu stellen, ohne die das gesamte Ökosystem nicht funktioniert, sowie komplementären Produkt- und Dienstleis-tungsangeboten eine nahtlose Integration zu ermöglichen. Im Gegenzug profitieren Plattformführer von den Ressourcen und Kompetenzen der Komplementäre, durch die das eigene Lösungsangebot angereichert wird. Unternehmen, die die Rolle eines Plattformführers anstreben, müssen deshalb festlegen, welche Leistungen sie selber erbringen und wie sie Komplementäre zu einer Zusammenarbeit motivieren. Beide Aufgaben bestimmen den Plattformtyp. Basierend auf einer solchen Plattformlogik lassen sich insbesondere service-orientierte Geschäftsmodelle schaffen, indem Produkte und Dienstleistungen zu ganzheitlichen Lösungsangeboten integriert werden.

Der Begriff »Servitization« beschreibt, dass Unternehmen – speziell aus dem produzierenden Gewerbe – ihrem Produktportfolio einen Mehrwert hinzufügen, indem sie im Rahmen von kollaborativen Geschäftsmodellen individualisierte Dienstleistungen integrieren [8]. Hierdurch wird die Trennung zwischen den klassischen Herstellern von Produkten und rein dienstleistungsbasierten Unternehmen hin zu »Lösungsanbietern« aufgeweicht. Da integrierte Lösungsangebote meist komplex sind (z. B. aufgrund der notwendigen Dienstleistungsinfrastruktur) und eine starke Kundenbindung ermöglichen (z. B. mittels Kopplung an das System), schaffen sie eine bessere Differenzierung gegenüber dem Wettbewerb und sichern langfristig Ertragskraft, Stabilität und letztlich Erfolg. Sie erfolgreich zu implementieren, ist aufgrund der inhärenten Komplexität und Ressourcenintensität für einzelne Unternehmen alleine jedoch kaum umsetzbar, weshalb es der Unterstützung eines größeren Netzwerkes an Partnerorganisationen bedarf.

So stellt Apple eine Plattform zur Verfügung, deren Kernelemente Hard- und Software sowie Dienstleistungsangebote sind. Erst diese Kombination bringt den Erfolg. Darauf aufbauend motiviert Apple komplementäre Hersteller und Lieferanten, Anwendungen (Apps) zu entwickeln, um dem Kunden ein großes Angebot zu ermöglichen und damit wieder Anreiz für den Kauf von Hardware wie iPhones, iPads etc. zu schaffen. Mittlerweile greifen immer mehr App-Entwickler auf eine Vielzahl von vordefinierten Schnittstellen zu, durch die zum einen die eigenen Entwicklungsanstrengungen vereinfacht und zum anderen die Qualitätssicherung, aber auch die Alleinstellung von Apple gesichert werden. Gleichzeitig wird es für den Benutzer durch einen Lock-in-Effekt (Kompatibilität mit allen Apple-Produkten, intuitive Nutzung) schwieriger, auf Angebote des Wettbewerbs zu wechseln.

Plattformtypen und unternehmensinterne Voraussetzungen

Die Plattformtypen in der strategischen Managementliteratur sind vielseitig. Aus unternehmensexterner Perspektive unterscheiden Gawer und Cusumano [7] die *Industrie-Plattform* (beispielsweise eine Soft- oder Hardware-Technologie, auf der verschiedenartige Anwendungsprogramme entwickelt und ausgeführt werden können) und die *mehrseitige Plattform* (beispielsweise Online-Versandhändler, Auktionshäuser, soziale Netzwerke und Suchmaschinen). Mehrseitige Plattformen, deren Wertschöpfung ausschließlich aus der Vermittlung von Transaktionen besteht und die nicht an komplementären Entwicklungen in einem Innovationsökosystem partizipieren, gehören nicht zum Typ der Industrie-Plattform und umgekehrt. Bedingt durch direkte (»economies of networks«) und indirekte Netzwerkeffekte entsteht bei beiden Plattformtypen zudem ein Kreislauf: Während bei der Industrie-Plattform zunehmend komplementäre Anbieter das initiale Lösungsangebot optimieren und erweitern (direkte Netzwerkeffekte), greifen bei der mehrseitigen Plattform beide Marktseiten verstärkt auf das durch die Plattform bereitgestellte Angebot zu (indirekte Netzwerkeffekte), je mehr andere Anbieter die Lösung anreichern bzw. Anbieter und Kunden diese nutzen (siehe Abb. 1).

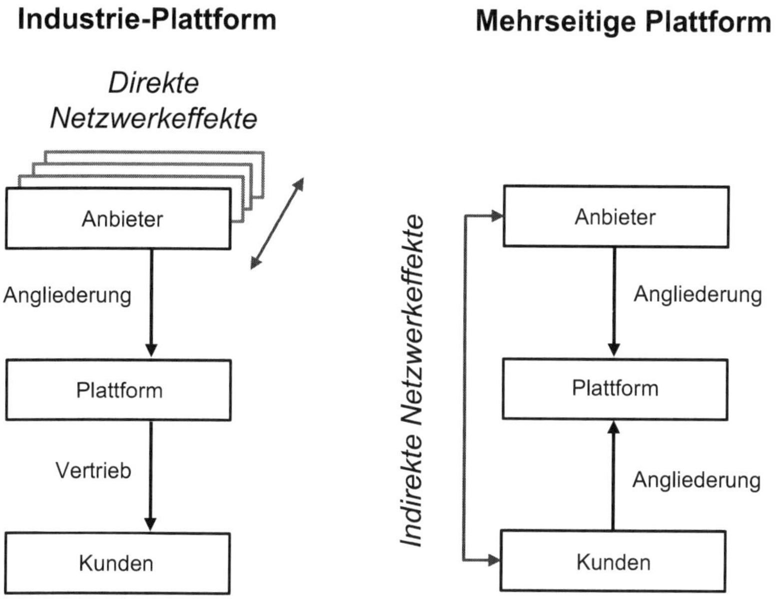

Industrie-Plattform

Direkte Netzwerkeffekte

Mehrseitige Plattform

Abb. 1:   *Plattformtypen und Netzwerkeffekte*

Diese Plattformtypen wurden in einer Studie [9] aus ihrem IKT-Ursprung auf traditionelle Industrien und deren Entwicklung von service-orientierten Geschäftsmodellen übertragen. Zusätzlich lässt sich auch eine Mischform beider Typen, die *mehrseitige Industrie-Plattform* identifizieren. Im Vergleich zu vorangegangenen Arbeiten wird der Plattformbegriff dabei von seinem originär technologischen Verständnis gelöst. Stattdessen setzen die fokalen Unternehmen materielle und immaterielle Ressourcen und Kompetenzen wie Marke, Technologie-Know-how, Kundenbasis und Kundenwissen als Kernelemente der Plattform ein.

Industrie-Plattform

Dem Konzept dieses Plattformtyps liegen eine starke Marke, ein technologisches Produkt oder eine große Kundenbasis sowie ein umfangreiches Kundenwissen als Kernelemente des Innovationsökosystems zugrunde. Diese Elemente sind in besonderem Maße mit komplementären Produkt- und/oder Dienstleistungsentwicklungen von externen Partnerorganisationen verflochten. Die Partner wiederum sind auf diese Elemente angewiesen, um Zugang zum Markt zu erhalten. Mit der Marke kann beispielsweise für den Endkunden ein einheitliches Nutzenversprechen gegeben werden wie etwa beim App Store von Apple. Die Marke dient hier zugleich als Orientierungsanker bei Kaufentscheidungen von verbundenen Anwendungsprogrammen. Die Partner können so die Gesamtarchitektur des Innovationsökosystems mitbestimmen, wobei das fokale Unternehmen als Plattformbetreiber die Kontrolle über die Interaktion mit den Endkunden und die Umsätze behält, die über die Plattform generiert werden. Die Plattform ist somit auch ohne komplementäre Akteure nutzenstiftend gegenüber den Endkunden und nicht auf externe Entwicklungen angewiesen.

Ein Beispiel für eine solche Plattform ist die von Daimler etablierte service-orientierte Geschäftsmodellinnovation »Car2Go«. Hierbei nutzt das Unternehmen seine Markenstärke, Automobiltechnologie und sein Kundenwissen als Plattformelemente, um gemeinsam mit einer Vielzahl von externen Partnern wie Start-ups und Technologieunternehmen für die Soft- und Hardwareentwicklung, Städte und Gemeinden sowie konventionelle Autovermietungsunternehmen ein tragfähiges Geschäftsmodell im Bereich der automobilen Kurzzeitvermietung zu etablieren. Zusätzlich leitet der Konzern den Wandel zum Mobilitätsdienstleister ein, indem er die Smartphone-App »Moovel« (ein intermodales Auskunftssystem zur optimierten Nutzung diverser Mobilitätsanbieter) sowie weitere Dienste wie »Park2gether« (zur besseren Nutzung von Parkplätzen) ergänzt und außerdem mit neuen und innovativen Mobilitätspartnern kooperiert.

Mehrseitige Plattform

Dem Konzept dieses zweiten Plattformtyps liegt ebenfalls eine starke Markenpositionierung in Kombination mit einer zentralen Grundlagentechnologie zugrunde, um darauf aufbauend gemeinsame Lösungen zwischen unterschiedlichen Marktteilnehmern oder Nutzergruppen zu entwickeln. Alternativ zur Technologie kann auch eine große Kundenbasis als Plattformelement dienen. Die Wertschöpfung besteht dabei ausschließlich darin, eine möglichst hohe Anzahl an Transaktionen zwischen den unterschiedlichen Nutzergruppen zu vermitteln, ohne die die Plattform einer Marktseite alleine keinen Nutzen stiften kann.

Während im digitalen Sektor Unternehmen wie das Internetauktionshaus eBay über mehrseitige Plattformen durch den Einsatz von IKT und des Internets ihr volles Potenzial freisetzen können, ist es auch für ein Unternehmen wie Henkel möglich, basierend auf der Logik einer mehrseitigen Plattform seine service-orientierten Geschäftsmodelle größer zu skalieren. Während bei eBay kleine Händler über die Plattform mit Endkunden verbunden werden und Händler und Kunde so direkt miteinander interagieren (Kommunikation, Bestellabwicklung und ggf. Zahlungsfluss), kümmert sich Henkel mit dem »Persil Service« um die Verbindung zwischen einem Netzwerk an kleinen und mittelständischen Textilreinigungsbetrieben und den Mitarbeitern großer Unternehmen, die an sogenannten speziellen Service Points im Unternehmen ihre Wäsche abgeben und wieder abholen können. Vertrauen in die Qualität der Dienstleistung wird dabei durch den Markennamen Persil erzeugt.

Mehrseitige Industrie-Plattform

Zu guter Letzt gibt es auch eine Mischform, die sowohl komplementäre Innovationen integriert als auch Transaktionen zwischen verschiedenen Nutzergruppen koordiniert: die mehrseitige Industrie-Plattform. Ein Beispiel aus dem digitalen Sektor ist Microsoft, das durch sein

Betriebssystem einen eigenständigen Kundennutzen stiftet und Herstellern die Möglichkeit bietet, komplementäre Software zu entwickeln und mit dem Betriebssystem zu verkaufen. In der Wertschöpfung ist Microsoft aber weiterhin auf eine kritische Masse an Herstellern und Kunden angewiesen, um für beide Seiten über die Kernfunktionalitäten seines Betriebssystems hinaus attraktiv zu sein und dessen vollen Nutzen durch die Vermittlung komplementärer Software zu entfalten.

Als Beispiel aus den service-orientierten Geschäftsmodellinnovationen dient die Qivicon-Initiative der Deutschen Telekom. Über die Qivicon-Plattform will die Telekom die Vision des vernetzen Hauses (Smart Home) gemeinsam mit einer branchen- und herstellerübergreifenden Allianz führender Industrieunternehmen wie E.ON, EnBW, eQ-3, Miele und Samsung realisieren und ein ganzheitlich abgestimmtes Lösungsangebot für den Endkunden anbieten. Darüber hinaus erfährt die Qivicon-Plattform durch eine stetig wachsende Anzahl weiterer Partnerunternehmen ein umfangreiches Smart-Home-Angebot an komplementären Produkten- und Dienstleistungen.

Strategische Netzwerkrollen und unternehmensexterne Voraussetzungen

Mit dem Perspektivenwechsel von branchen- und produktbasierten hin zu service-orientierten Geschäftsmodellen und einer Dekonstruktion der Wertschöpfungskette ist die historisch gewachsene Branchenarchitektur nur noch eine von mehreren möglichen [10]. Unternehmen wandern in vor- oder nachgelagerte Wertschöpfungsstufen (vertikale Bewegung) oder etablieren ihre Geschäftsmodelle in vollständig neuen Geschäftszweigen (horizontale Bewegung). Im Ergebnis kann sich die Wettbewerbssituation eines Unternehmens in einer Bewegungsrichtung erleichtern und aus einer anderen Richtung intensivieren. Vor dem Hintergrund dieser Bewegungen der Wertschöpfungsquellen ist es erforderlich, die möglichen Angriffs- und Ausgangspunkte für die eigene Vorgehensweise zu identifizieren und die eigene Rolle durch die intelligente Entwicklung eines Innovationsökosystems neu zu formulieren: Wie können die zukünftigen Marktverhältnisse beschrieben werden und wo lassen sich differenzierende Vorteile im Verbund mit anderen Organisationen nutzen?

Auf der Grundlage der vertikalen und/oder horizontalen Bewegungsmuster, die sich innerhalb und jenseits von Branchengrenzen beschreiben lassen, ergeben sich drei strategische Netzwerkrollen, je eine in den jeweiligen Plattformtypen, über die neue Differenzierungs- und Wachstumspotenziale erschlossen werden können [9]. Die Frage nach der »richtigen« Netzwerkrolle ist auf Basis der verfügbaren Ressourcen und Kompetenzen zu beantworten, die den der jeweiligen Netzwerkrolle zugrunde liegenden Plattformtyp bestimmen.

Wachstumspotenziale in der vertikalen Dimension

Bei der Identifikation vor- oder nachgelagerter Wachstumspotenziale lässt sich ein neues Lösungsangebot entwickeln, indem zusätzliche Wertschöpfungselemente auf Branchenebene und über Branchengrenzen hinweg integriert werden. Die *Lösungsintegratoren* versuchen, ihre Geschäftsmodelle durch das Eingehen von Kooperationen und Joint Ventures sowie durch gelegentliche Zukäufe komplementär zu erweitern. Jene Wertschöpfungselemente, die nur ein geringes oder gar kein Differenzierungspotenzial bieten, werden durch andere Organisationen im Innovationsökosystem ausgeführt, die sich auf diese Stufe spezialisiert haben. Die Integration von Wertschöpfungsstufen ist besonders dann wichtig, wenn hohe Investitionen und damit einhergehende Risiken die Geschäftstätigkeit charakterisieren. So können Lösungsintegratoren Optimierungs- und Wachstumspotenziale erschließen und gleichzeitig die Kontrolle über die Wertschöpfungskette ausbauen. Der Ansatz der Integration setzt dabei voraus, dass sich diese Unternehmen durch Plattformelemente auszeichnen, die dem Innovationsökosystem als Industrie-Plattform dienen und Abnahmesicherheit garantieren.

Wachstumspotenziale in der horizontalen Dimension

Aus der Dekonstruktion der Wertschöpfungskette entsteht eine Vielfalt von potenziellen Verbindungsstellen zwischen Branchen, die Chancen für neue Lösungsangebote in einem begrenzteren Ökosystem entstehen lassen. Für die *Dienstleistungsvermittler* ist es wesentlich, sich auf die Servicekoordination zwischen Akteuren zu konzentrieren und neue Wertschöpfungsstufen in die bestehende Wertschöpfungskette innerhalb einer Branche sowie über Branchengrenzen hinweg einzuführen. Beide Aspekte sind die Basis ihrer komplementären Geschäftsmodellinnovation. Damit die Dienstleistungsvermittler diese Chancen nutzen können, müssen sie sich als mehrseitige Plattform positionieren und insbesondere durch Know-how-Vorsprung einen Wettbewerbsvorteil generieren, der ihren Effizienzvorsprung gegenüber dem konventionellen Marktmechanismus trägt und neuen Wettbewerbern, die sich ebenfalls in diesem Bereich spezialisieren wollen, möglichst wenige Angriffspunkte bietet.

Wachstumspotenziale in der vertikalen und horizontalen Dimension

Unternehmen, die sowohl durch die Integration vor- oder nachgelagerter Stufen als auch durch die Verbindung bestehender Wertschöpfungsketten Wachstumschancen realisieren können, sollten die Rolle eines *Lösungsorchestrators* ausfüllen. Diese Unternehmen schaffen aus der Integration und Verbindung komplementärer Akteure ein Innovationsökosystem und erschließen durch die Orchestrierung des Zusammenspiels Wettbewerbsvorteile für sich und alle Beteiligten. Die Optimierung der Wertschöpfung und Koordination wird für den Lösungsorchestrator zur komplementären bis transformativen Geschäftsmodellinnovation. Dabei fokussiert er sich auf einzelne Elemente der Wertschöpfungskette, in denen das Differenzierungspotenzial am höchsten ist, und überlässt die übrigen Elemente neuen Wettbewerbern, die sich auf diese Aktivitäten spezialisiert haben und von

Größenvorteilen profitieren. Im Ergebnis entsteht ein ganzheitliches Lösungsangebot, das einen neuen Markt quer zur bisherigen Branchenlogik etabliert. Die Bündelung kann sowohl innerhalb einer Branche als auch über verschiedene, bislang getrennte Branchen hinweg erfolgen.

Die Rolle des Lösungsorchestrators ist äußerst anspruchsvoll. Sie erfordert ein hohes Maß an Know-how-Vorsprung, Eigentumsrechte und Koordinationsvermögen sowie eine starke Markenposition, um den kollaborativen Wettbewerbsvorteil basierend auf der Mischform aus Industrie- und mehrseitiger Plattform langfristig aufrechtzuerhalten (siehe Abb. 2).

Abb. 2:   *Plattformtypen und strategische Netzwerkrollen im Innovationsökosystem*

Fazit zur Ausgestaltung einer strategischen Netzwerkposition

Durch die technologischen und marktbedingten Veränderungen der vergangenen Jahre folgen viele Märkte nicht mehr der etablierten Logik: Branchen konvergieren, Branchenarchitekturen verändern sich und Innovationsökosysteme mit anderen Organisationen werden gegründet. Die gegenwärtige Branchenzugehörigkeit bzw. das Produkt oder die Dienstleistung haben ihren Status als Ausgangspunkt für das Geschäftsmodell eines Unternehmens verloren. Einzelne Stufen der klassischen Wertschöpfungskette werden marktfähig; zudem wird die Wertschöpfungskette innerhalb eines Unternehmens dekonstruiert mit vielfältigen Kombinationsmöglichkeiten von Ressourcen und Kompetenzen. Unter Berücksichtigung der externen Unternehmensumwelt gilt es, die Leistungsfähigkeit des eigenen Unternehmens auf jeder Wertschöpfungsstufe auf den Prüfstand zu stellen, als Ausgangspunkt für die Suche nach der zukünftigen strategischen Positionierung des Unternehmens im Innovationsökosystem. Die Anordnung einer wertschaffenden Netzwerkarchitektur als neue Entscheidungsoption wird dabei zum Wettbewerbsfaktor, um neue Differenzierungs- und Wachstumspotenziale zu erschließen.

Die in diesem Beitrag diskutierten unternehmensinternen und -externen Voraussetzungen, plattformzentrierten Netzwerkarchitekturen und möglichen Netzwerkrollen bedeuten ein frühzeitiges »Denken in Ökosystemen«, das im Wesentlichen drei Aspekte umfasst:

⇨ *Abstraktion:* Welcher Plattformtyp und welche zugrunde liegenden Elemente gegebener unternehmensinterner Voraussetzungen (in Form von Ressourcen und Kompetenzen) sind verfügbar?

⇨ *Analyse:* Wie soll die definierte Netzwerkrolle gegebener unternehmensexterner Voraussetzungen (vertikale und/oder horizontale Wertschöpfungspotenziale) ausgestaltet werden?

⇨ *Adaption:* Wohin müssen zukünftige Investitionen gelenkt werden, um die identifizierten Wertschöpfungspotenziale durch serviceorientierte Geschäftsmodellinnovationen erschließen zu können?

Verschiedene Optionen gleichzeitig zu verfolgen, erscheint jedoch wenig erfolgversprechend – jede strategische Netzwerkrolle erfordert unterschiedliche Ressourcen- und Kompetenzprofile und somit eine frühe Entscheidung für eine spezifische Rolle. Als Herausforderung kann jedoch die Weiterentwicklung der eigenen Netzwerkposition angestrebt werden, wenn Lösungsintegratoren oder Dienstleistungsvermittler den Anreiz haben, die Größe und Reichweite ihres Innovationsökosystems auszubauen und durch Evolution ihrer Netzwerkarchitektur zum Lösungsorchestrator zusätzliche Wachstumschancen zu realisieren.

Literatur

[1]   CHESBROUGH, H.: *Why companies should have open business models. In: MIT Sloan Management Review 48 (2), 2007, S. 22–28*

[2]   ENKEL, E.; HEIL, S.: *Preparing for distant collaboration: Antecedents to potential absorptive capacity in cross-industry innovation. In: Technovation 34 (4), 2014, S. 242–260*

[3]   AMIT, R.; ZOTT, C.: *Value creation in e-business. In: Strategic Management Journal 22 (6-7), 2001, S. 493–520*

[4]   ENKEL, E.; MEZGER, F.: *Imitation processes and their application for business model innovation: An explorative study. In: International Journal of Innovation Management 17 (01), 2013*

[5]   ADNER, R.; KAPOOR, R.: *Value creation in innovation ecosystems: How the structure of technological interdependence affects firm performance in new technology generations. In: Strategic Management Journal, 31 (3), 2010, S. 306–333*

[6]   SYDOW, J.: *Management von Netzwerkorganisationen – zum Stand der Forschung. In: Sydow, J. (Hrsg.): Management von Netzwerkorganisationen. Beiträge aus der »Managementforschung«. 5 Aufl., Wiesbaden: Gabler, 2010, S. 373–470*

[7]   GAWER, A.; CUSUMANO, M. A.: *Industry platforms and ecosystem innovation. In: Journal of Product Innovation Management 31 (3), 2014, S. 417–433*

[8]   BAINES, T.; LIGHTFOOT, H.; PEPPARD, J.; JOHNSON, M.; TIWARI, A.; SHEHAB, E.; SWINK, M.: *Towards an operations strategy for product-centric servitization. In: International Journal of Operations & Production Management, 29 (5), 2009, S. 494–519*

[9]   HEIL, S.; ENKEL, E.: *Business platforms and service-oriented business model innovation in traditional industries. International Society for Professional Innovation Management Conference (ISPIM), Dublin, Irland 2014*

[10] HACKLIN, F.; MARXT, C.; FAHRNI, F.: *Coevolutionary cycles of convergence: An extrapolation from the ICT industry. In: Technological Forecasting and Social Change 76 (6), 2009, S. 723–736*

Zusammenfassung

Branchengrenzen verschwimmen und Branchenarchitekturen verändern sich, sodass es für Unternehmen zum strategischen Imperativ wird, ihre Denkweisen von einer rein organisationalen auf eine inter-organisationale sowie von einer rein produkt- auf eine service-orientierte geschäftsmodellbezogene Logik zu erweitern. Auf Plattformstrategien basierende »Innovationsökosysteme« sind von steigender Bedeutung, um integrierte Lösungsangebote in traditionellen Branchen zu entwickeln. Erfolgreiche service-orientierte Geschäftsmodellinnovationen der jüngsten Zeit weisen Charakteristika plattformzentrierter Netzwerkarchitekturen auf, in denen – neben Grundlagentechnologien – Marken, große Kundenbasen sowie ein tiefgreifendes Kundenverständnis als Kernelemente einer Plattform fungieren. Dabei wird vom initiierenden Unternehmen mit der Wahl des Plattformtyps (Industrie-Plattform, mehrseitige Plattform oder mehrseitige Industrie-Plattform) eine definierte Netzwerkrolle eingenommen, die sich maßgeblich nach dessen unternehmensinternen Voraussetzungen (in Form von Ressourcen und Kompetenzen) richtet. Lösungsintegratoren, Dienstleistungsvermittler oder Lösungsorchestratoren können so vertikale und/oder horizontale Wertschöpfungspotenziale erschließen, die sich aus der Dekonstruktion der Wertschöpfungskette ergeben und neue Differenzierungs- und Wachstumspotenziale bieten.

New Business Development am Beispiel TRUMPF

Das Geschäftsmodell von TRUMPF basiert auf der Umsetzung eines technologischen und organisatorischen Führungsanspruches. Kontinuierliche Innnovation ist daher eine Erfolgsvoraussetzung. Welche Stellschrauben dabei miteinander abzustimmen sind, illustriert der Beitrag mithilfe des Innovationsresonators.

In diesem Beitrag erfahren Sie:
- wie sich das Innovationsmanagement bei TRUMPF gestaltet,
- wie bei TRUMPF Ideen entwickelt, ausgearbeitet und weiterverfolgt werden,
- welche Aufgaben dabei dem Bereich New Business Development zukommen.

CHRISTIAN KOERBER

Innovation als Geschäftsmodell

TRUMPF selbst definiert sich als Unternehmen der Hochtechnologie, das in seinen Arbeitsgebieten im Weltmaßstab technologisch und organisatorisch führend sein will. Kontinuierliche Innovation nicht nur bei Maschinen, sondern auch bei Märkten, Menschen und Methoden ist für TRUMPF daher eine Erfolgsvoraussetzung.

In der Vergangenheit wuchs TRUMPF kontinuierlich und im Durchschnitt um rund 15 Prozent pro Jahr. Treiber waren zentrale technische Innovationen, die die Unternehmensentwicklung in drei Abschnitte unterteilen (siehe Abb. 1).

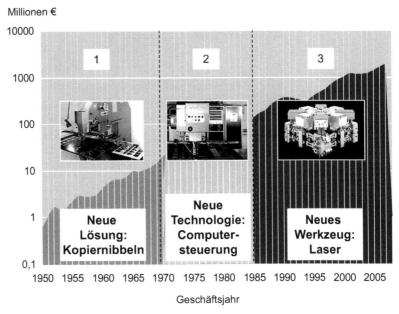

Millionen €

Abb. 1: *Die Unternehmensentwicklung der TRUMPF Gruppe als Ergebnis zentraler Innovationen*

Heute erwirtschaftet TRUMPF einen Umsatz von rund 2,5 Milliarden Euro [1] und besteht aus drei Geschäftsbereichen:

⇨ Der Geschäftsbereich *Werkzeugmaschinen* ist der größte und nimmt weltweit die Spitzenposition bei Maschinen für die Laserbearbeitung, zum Stanzen, Umformen und Biegen sowie für automatisierte Fertigungslösungen rund um die Blechbearbeitung ein.

⇨ Der Geschäftsbereich *Lasertechnik* ist der weltweit am vollständigsten aufgestellte Anbieter von Lasertechnik zur Materialbearbeitung. Er bietet Laser, Lasersysteme und Prozesstechnologie zum Schweißen, Schneiden, Markieren und für die Oberflächenbearbeitung im Makro-, Mikro- und Nanobereich.

⇨ Der Geschäftsbereich *Elektronik* stellt Generatoren für die Strom-
versorgung von Induktions- und Plasma-Prozessen sowie die
Laseranregung her.

Der Bereich New Business Development

Die Gründung des Bereiches »New Business Development« im Jahr
2007 sollte dazu beitragen, die bisherige Unternehmensentwicklung
nachhaltig fortzuschreiben. Der Erfolg der Vergangenheit machte
deutlich, dass die Entwicklungsprozesse bereits gut funktionierten.
Eine Parallelorganisation zur Grundlagenentwicklung war daher nicht
zielführend. Stattdessen galt es, das unternehmerische Gespür für neue
Geschäftsmöglichkeiten in einem definierten Prozess abzubilden und
die Entscheidungsfindung systematisch und transparent zu gestalten.

Innovationen an vorhandenen Produktfamilien erfolgen überwiegend in einem technologisch und marktseitig definierten Kontext. Bei
disruptiven Innovationen zu Produkten, Technologien oder Geschäftsmodellen können neben analytischen auch konzeptionelle Fragestellungen auftreten. Daher greifen die herkömmlichen Ansätze und Methoden nicht mehr: Der Vorlauf zur Markteinführung dauert erheblich
länger, die Fragestellung ist komplexer und die Datenqualität geringer.

Das New Business Development fokussiert sich auf die Frühphase
des Innovationsprozesses *(Fuzzy Front End)* und bildet in prozessualer
Hinsicht die Schnittstelle zwischen den Management- und den Umsetzungsprozessen. Letztere können je nach Umsetzungsstrategie die Entwicklung *(make)* und/oder der Zentralbereich Mergers & Acquisitions
(buy) sowie gegebenenfalls die Organisationsentwicklung sein.

Die Aufgabe des New Business Development besteht darin, Visio-
nen und Strategien aktiv und systematisch in belastbare Konzepte zu
überführen, diese zur Entscheidung zu bringen und die Umsetzung in
den Zielprozessen zu unterstützen. Die Generierung von Ideen, ihre
Priorisierung auf Basis einer unvollständigen und unscharfen Datenlage sowie die Überführung einer Idee in eine Innovation, d. h. ein im
Markt erfolgreiches Produkt, bilden die zentralen Herausforderungen.

Alle Themen werden als Projekte bearbeitet, deren Größe je nach Konkretisierungsgrad zwischen wenigen Mannwochen und mehreren Mannjahren schwanken kann. Vor dem Hintergrund eines sehr heterogenen und disruptiven Themenspektrums umfasst der Bereich nur wenige festangestellte Mitarbeiter, die sich durch die Kombination naturwissenschaftlich-technischer, betriebswissenschaftlicher und strategischer Kompetenzen auszeichnen und darüber hinaus über fundiertes Methoden-Know-how verfügen. Projektspezifisch werden interne oder – im Sinne des Open-Innovation-Gedankens – externe Experten eingebunden.

Der Innovationsresonator
Erfolgreiches Innovationsmanagement basiert auf einer ausgewogenen Abstimmung der wesentlichen Stellschrauben: Mitarbeiterkreativität, Geschäftssinn, Umsetzungswille sowie Ressourcenmanagement. Die Unternehmenskultur bildet dabei das Bezugssystem [2].

Der vorbeschriebene Ansatz impliziert die folgenden – systemimmanenten – Herausforderungen:
⇨ permanent wechselnde und neue Themen aus unterschiedlichen Branchen, Applikationen und Technologien mit hohem Innovationsgrad,
⇨ bereichs-/gruppenübergreifende Tätigkeit,
⇨ Projektarbeit in der Matrix unter Einbindung bereichsfremder, d. h. disziplinarisch nicht unterstellter Ressourcen mit dem klassischen Zielkonflikt »Linie – Projekt«,
⇨ keine durchgängige Prozessverantwortung für ein Thema.

Für ein nachhaltiges Wirken des Bereichs New Business Development sind daher zwei Aspekte zu berücksichtigen:

1. Stärkung der Innovationskraft des Unternehmens durch Systematisierung, Dynamisierung und operative Unterstützung in der Frühphase des Innovationsprozesses,
2. Sicherstellung der Verfügbarkeit von Infrastruktur und Ressourcen durch organisatorische Spielregeln, Ansätze zur flexiblen Ressourcenverfügbarkeit und die Personalentwicklung.

Der sogenannte *Innovationsresonator* veranschaulicht das entsprechende Gesamtkonzept in Analogie zu einem Laserresonator (vgl. dazu [3]). Die nachfolgende Beschreibung legt den Fokus auf die kreative und konzeptionelle Frühphase des Innovationsprozesses. Die organisatorische Eingliederung neuer Einheiten sowie die Unterstützung der operativen Umsetzung werden in diesem Beitrag nicht weiter ausgeführt.

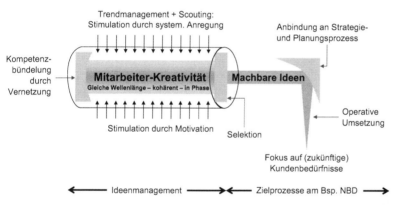

Abb. 2:   *Der Innovationsresonator*

Zunächst gilt es, Ideen zu sammeln oder zu generieren und die zielführenden zu identifizieren. In Analogie zum Laserresonator bildet die Mitarbeiterkreativität das *innovationsaktive Medium,* während eine Idee einem Photon entspricht. Nach dem vorbeschriebenen Prinzip reicht es nicht, auf *spontan emittierte Ideen* zu warten, auch wenn diese natürlich systematisch zu erfassen und zu verwerten sind. Stattdessen ist es erforderlich, das aktive Medium anzuregen. Diese Anregung erfolgt inhaltlich durch die systematische Anbindung an das Produkt-, Technologie- und Trendmanagement der Fachbereiche, durch aufgabenspezifische Kreativitätsworkshops sowie emotional durch ein Motivationskonzept.

Anregung zur Kreativität

Einen Ansatz zur systematischen Entwicklung neuer Geschäftsideen bietet das nachstehend dargestellte Schema. Es bezieht sich zwar auf einen Hersteller von Produktionsmitteln, sein Prinzip ist aber auf andere Geschäftsmodelle übertragbar. TRUMPF beispielsweise bedient mit seinen Technologien die sogenannte *Wertschöpfungskette Blech* mit den Fertigungsschritten *Trennen – Biegen – Fügen – Oberflächenbearbeitung*. Bei der Suche nach neuen Geschäftsideen kann das aktuelle Leistungsportfolio hinsichtlich Lücken beziehungsweise möglicher Transferansätze (Pfeile) hinterfragt werden: Bieten vor- oder nachgelagerte Wertschöpfungsschritte attraktives Potenzial? Können je Fertigungsschritt alternative Technologien angeboten werden? Lässt sich die Wertschöpfungstiefe für eine Technologie bzw. ein Produkt steigern (vertikale Integration)? Welche Potenziale bieten komplementäre Dienstleistungen?

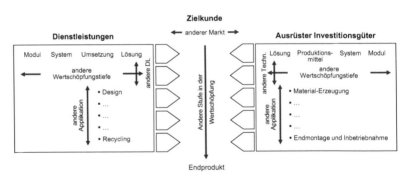

Abb. 3:   *Leitfaden zur systematischen Entwicklung neuer Geschäftsideen*

Und nicht zuletzt: Können vorhandene Produkte oder Technologien in anderen Zielmärkten eingesetzt werden?

Das *Motivationskonzept* beinhaltet die Aspekte *Fordern, Führen* und *Fördern.* Gefordert wird die Innovativität der Mitarbeiter als Teil der täglichen Arbeit. Die Führungskraft ist verantwortlich dafür, Freiräume zu schaffen, Rückendeckung zu geben und den Mitarbeiter aktiv zu unterstützen. Seitens der Ideenmanager werden nicht-monetäre Anreize geboten. Diese sollen vor allem die Partizipation der Mitarbeiter fördern, sich über ihren eigentlichen Arbeitsbereich hinaus kreativ zu engagieren. Förderungs- und Bindungsmaßnahmen schließlich sind Teil der Führungsaufgaben.

Wieder in Analogie zum Laserresonator sind gute Ideen zu identifizieren, durch *stimulierte Emission* im Unternehmenskontext zielführend zu verstärken, die besten Ideen aus dem Resonator auszukoppeln und den Zielprozessen zuzuführen. Letztere sind je nach Innovationsgrad der Ideen die Entwicklungsbereiche oder das New Business Development.

Das Ideenmanagement

Das Management des Innovationsresonators ist Aufgabe des Ideenmanagements, das die Teilprozesse der Ideengenerierung, ihrer Erfassung und Schärfung, der Priorisierung und des Transfers in die Zielprozesse steuert.

Ideenmanagement bei TRUMPF...

...beschreibt den Umgang mit Ideen von der Entstehung bis zur Umsetzung.

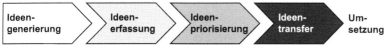

Abb. 4:   *Aufgaben des Ideenmanagements*

Ideen entstehen spontan, im Rahmen von Kreativitäts-Workshops oder durch systematisches Scouting. Ein Ideengeber kann seine Idee in einer gewollt rohen Form und über ein beliebiges Medium an den Ideenmanager kommunizieren. Der Leitgedanke liegt darin, Kreativität und Spontanität der Mitarbeiter möglichst wenig zu behindern. Trotzdem müssen die Ideen natürlich strukturiert ausgearbeitet und validiert werden, um sie nachfolgend bewertbar zu machen. Hierfür erhält der Ideengeber Unterstützung durch den Ideenmanager, der im Rahmen eines zeitnah zur Einreichung stattfindenden Erstgesprächs die Idee strukturiert erfasst, hinterfragt und dokumentiert.

Anschließend identifiziert der Ideenmanager unternehmensinterne Experten, mit denen zusammen er die Ideen auf Machbarkeit, Neuigkeitsgrad und Relevanz hinterfragt. Die Kompetenzbündelung und Vernetzung des Ideengebers durch Einbindung der verschiedenen Experten und Gremien ist Voraussetzung für eine *stimulierte Emission* von Ideen. Häufig ergeben sich aus der Diskussion neue Aspekte oder komplementäre Gedanken.

Die validierten und standardisiert aufbereiteten Ideen stellt der Ideenmanager zusammen mit den Ideengebern im sogenannten *Ideenmarkt* einem Expertengremium vor. Dieses Gremium ist interdisziplinär und fachbereichsübergreifend mit Mitarbeitern des mittleren Managements besetzt. Die Möglichkeit, seine Idee selbst vor einem solchen Gremium vorstellen und verteidigen zu können, ist Teil des Motivationskonzepts.

Im Ideenmarkt werden die Ideen diskutiert und relativ zueinander bewertet. Die bestbewerteten Ideen können von Mitgliedern des Gremiums als Ideen-Paten aufgegriffen und anschließend den Verantwortlichen der Zielprozesse vorgestellt werden. Diese entscheiden über den weiteren Umgang mit der Idee, eine Verpflichtung zur Umsetzung der Idee in den Zielprozessen besteht dabei jedoch nicht. Die Motivation der Mitglieder des Bewertungsgremiums liegt in der interdisziplinären und teilweise technologieübergreifenden Fachdiskussion und der daraus resultierenden Inspiration.

Vorteile des aktiven Ideenmanagements sind:
⇨ die klare Definition von Ansprechpartner und Prozess,
⇨ die Unterstützung bei der Ausarbeitung der Ideen,
⇨ der Zugang des Ideengebers zu Know-how und Ressourcen,
⇨ die zeitnahe Ideenbewertung,
⇨ die Identifikation der relativ besten Ideen und
⇨ das Patenmodell für die Siegerideen als definierte Schnittstelle zu den Zielprozessen.

Die Herausforderung besteht in der Bereitschaft zur Priorisierung, denn dies impliziert die Zurückweisung guter, wenn auch nicht der besten Ideen. Weiterhin ist sicherzustellen, dass die Ideen in Format, Detaillierungsgrad und Datenbelastbarkeit vergleichbar sind mit denen der Zielprozesse. Die Verfolgung neuer zusätzlicher Themen erfordert die Bereitstellung nicht geplanter Ressourcen. Diese Herausforderungen sind nur im Kontext der Unternehmenskultur lösbar.

Weiterverfolgung der Ideen in den Zielprozessen

Um in der Analogie des Innovationsmanagements mit einem Lasersystem zu bleiben, muss der aus dem Resonator ausgekoppelte Rohstrahl mittels der Strahlführung zur Prozesszone geführt und dort bedarfsgerecht auf das Werkstück fokussiert werden. Die Strahlführung muss dabei sicherstellen, dass der Laserstrahl in der gewünschten Qualität und ohne Störungseinflüsse geführt wird.

Auf das Innovationsmanagement übertragen bedeutet dies die Koordination der verschiedenen Innovationsaktivitäten. Voraussetzung hierfür ist es, wichtige Technologien und Trends zu identifizieren und in strategische Innovationsziele zu überführen. Die Festlegung der mittel- bis langfristigen Entwicklungsschwerpunkte und die Sicherstellung einer guten Innovationskultur schaffen ein gemeinsames Verständnis der Zukunft. Dies ermöglicht es, übergreifende Innovations- und New-Business-Aktivitäten gezielt zu fokussieren und zu koordinieren.

Hierbei stellt sich die grundlegende Frage nach dem richtigen Zielprozess je Aktivität. Prinzipiell sollten die Fachbereiche die Ideen bearbeiten, die nahe dem Bestandsgeschäft sind, während das New Business Development sich um die Ideen kümmert, die einen disruptiveren Charakter aufweisen.

Diese Zuordnung setzt jedoch voraus, dass der Innovationsgrad einer Idee analytisch bestimmbar ist und eine Zuweisung auf Basis von Schwellwerten erfolgen kann. Allerdings ist eine entsprechende analytische Beschreibung des Innovationsgrades aus der Literatur nicht bekannt, und auch eigene Ansätze haben nicht zu einem geschlossenen Modell geführt.

Ein pragmatischer Ansatz für die Entscheidung »Fachbereich oder New Business Development?« besteht darin, unter Berücksichtigung des Kontextes den Prozess mit der jeweils höchsten Erfolgschance für das Projekt auszuwählen.

Fachbereich als Zielprozess

Fachbereichsnahe New-Business-Projekte werden vom Fachbereich mit fakultativer Unterstützung durch das New Business Development im Sinne eines internen Beraters bearbeitet. Der Fachbereich stellt dann die Fach- und die Prozesskompetenz sicher. Das New Business Development unterstützt inhaltlich und methodisch mit Fokus auf die Strategieentwicklung, das Portfolio-Management oder auch das Projektmanagement. Hinzu kommen beispielsweise die Kommunikation und das Stakeholder-Management, der Abgleich der Themen mit der Entwicklungs-Roadmap, das Kooperationsmanagement bei Open-Innovation-Ansätzen oder auch regelmäßige Reviews der Umsetzung.

Eine entscheidende Hürde für die Umsetzung der meist nicht geplanten Innovationsthemen ist die Verfügbarkeit qualifizierter Ressourcen, insbesondere eines Mitarbeiters, der das Thema als »sein Baby« begreift und in der Organisation vorantreibt. Ein möglicher Lösungsansatz besteht beispielsweise darin, zentral Planstellen vorzuhalten, die bei Bedarf nach definierten Regeln an die Fachbereiche übertragen und

NBD (Innovationsprojekt)	**Fachbereiche (Linie)**
• Sicherung der Marktfokussierung • Management des Projektportfolios • Erstellung Lastenheft und Zielvereinbarung mit der Linie • Funktionsübergreifende Steuerung der Aktivitäten über den Innovationsprozess • Zielverfolgung und Reporting	• Einbringen und Ausbau der Fach- und Prozesskompetenz • Bereitstellung von Kapazitäten, inhaltlicher Führung und Qualifikation • Optimierung der Prozesse • Sicherstellung des Technologie-Push in der Entwicklung • Steuerung der Vorentwicklung • Übergreifender Technologietransfer

Strategie-, Portfolio- und Projektmanagement- kompetenz

Fach- und Prozess- kompetenz

Bündelung komplementärer Kräfte für die Innovation

Abb. 5: *Bündelung komplementärer Kompetenzen für die Umsetzung*

mit neu rekrutierten Experten für das jeweilige Thema besetzt werden können.

New Business Development als Zielprozess

Für fachbereichsübergreifende oder -fremde Themen empfiehlt sich eine ganzheitliche Bearbeitung durch das New Business Development. Dieses bietet dann nicht nur Methodenkompetenz, sondern muss auch die erforderlichen Ressourcen sicherstellen und die inhaltliche Verantwortung übernehmen.

Im Unterschied zu den im Fachbereich bearbeitbaren Themen handelt es sich hier meist um disruptive Innovationen. Dies bedeutet, dass die Ideen sich in einem geänderten Kontext bewegen und meist noch wenig konkret ausgeprägt sind. Nicht nur das Produkt, sondern auch Technologie, Markt, Umfeld oder Geschäftsmodell können variieren. Statt der Frage nach der optimalen Strategie steht zunächst die Frage nach der grundsätzlichen Machbarkeit und Attraktivität im Mittelpunkt. Weiterhin treten neben analytischen auch konzeptionelle Fragestellungen auf: Wie sieht eigentlich ein geeignetes Geschäftsmodell

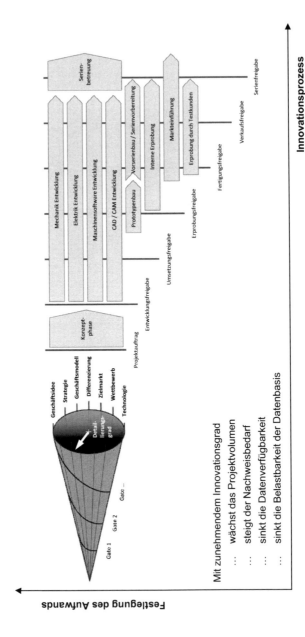

Abb. 6: *Das Dilemma des Fuzzy Front End*

aus? Wie kommt man zu den erforderlichen Kompetenzen, um nachhaltig ein Alleinstellungsmerkmal sicherzustellen? Wie werden Anknüpfungspunkte an das Bestandsgeschäft so geschaffen, dass Risiken beherrschbar sind und Synergien gehoben werden können? Die Diskrepanz zwischen der meist nur unvollständigen und zu Beginn wenig belastbaren Datenlage einerseits und dem häufig großen wirtschaftlichen Hebelarm andererseits bildet das Dilemma des *Fuzzy Front End* (siehe Abb. 6).

Zu Beginn eines neuen Themas entsteht eine Vielzahl an Ideen. Natürlich können nicht alle Ideen vollumfänglich geprüft werden. Der Lösungsansatz folgt dem Prinzip des Stage-Gate®-Prozesses: Das Produkt aus Ideenanzahl und Aufwand je Idee ist entlang des Innovationsprozesses ungefähr konstant zu halten. Dies stellt sicher, dass der Innovationskanal weder verstopft noch leerläuft. Konkret besteht ein möglicher methodischer Lösungsansatz darin, zunächst Machbarkeit und Attraktivität zu klären. Dann folgen die Entwicklung eines möglichen und zuletzt die des besten Umsetzungskonzepts.

Unabhängig vom Reifegrad ist dabei jede Idee ganzheitlich zu betrachten. Zwar bleiben die grundsätzlichen Fragestellungen identisch, aber natürlich sollte die »Flughöhe« der Betrachtung, das heißt der Detaillierungsgrad, dem jeweiligen Reifegrad einer Idee angepasst werden. Im Hinblick auf den Markt bedeutet dies beispielsweise, dass in der ersten Grobbetrachtung nur die Größenordnung des Marktvolumens und die grundsätzliche Entwicklung relevant sind. Wird das Thema weiterverfolgt, sollten beispielsweise die Marktsegmente, ihre Volumina, wesentliche Treiber und Trends, die Wettbewerbsstruktur und die Hauptwettbewerber bekannt sein. Erst wenn die Portfolio- und die Markteintrittsstrategie entwickelt werden, sind konkrete Informationen über beispielsweise Strategien, Geschäftsmodell, Zielmärkte, Produktportfolien und Leistungsdaten, Absatzkanäle und die Wettbewerbsdichte in den Marktsegmenten relevant. In analoger Form kann die »Flughöhe« zur Betrachtung der anderen Aspekte eines Businessplanes sukzessive angepasst werden (siehe Abb. 7).

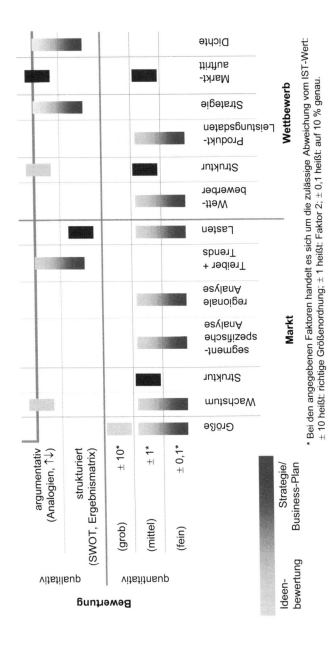

Abb. 7: *Die richtige »Flughöhe« am Beispiel der Markt- und Wettbewerbsbetrachtung*

Auch Bewertungsziel und -methodik sollten dem Reifegrad und der Datenbelastbarkeit eines Themas entsprechen. Im Hinblick auf die Effektivität des Ressourceneinsatzes bietet es sich dabei an, bei der Erstbewertung die Perspektive umzukehren. Statt die Machbarkeit einer Idee explizit nachzuweisen, kann alternativ nur nach möglichen Gegenargumenten beispielsweise technischer, wirtschaftlicher, juristischer oder auch ethischer Natur gesucht werden *(Was geht nicht?)*. Damit wird natürlich nicht die Machbarkeit nachgewiesen, aber die nicht realisierbaren Ideen werden mit geringem Aufwand ausgeschlossen.

Da nicht alle Argumente explizit auf dem Tisch liegen, helfen die üblichen Instrumente zur Strategieentwicklung in diesem Stadium nicht weiter. Zielführend hingegen sind die Diskussion des Themas in einer Experten-Runde und die Entscheidungsfindung auf Basis des »summierten Bauchgefühls«. Einer unscharfen Datenlage wird mit einer ebenso unscharfen Entscheidungsmethodik begegnet.

Für die Konzeptionsphase *(Geht das?)* bietet sich der hybride Ansatz der *Fuzzy Evaluation* an. Wenn die grundsätzliche Machbarkeit gegeben ist, ein Thema hinsichtlich der Attraktivität aber den klassischen Bewertungskriterien zum Opfer fiele, sollte dies nicht automatisch zum Ausschluss führen. Manchmal kann ein Perspektivwechsel zu weiteren Einsichten führen, und ein anderes Geschäftsmodell oder eine andere Vermarktungsstrategie bieten neue Optionen. Die Erfahrungen aus der Innovationshistorie des eigenen wie auch der fremder Unternehmen ergänzen strukturierte Ansätze wie die der *Blue-Ocean-Strategie* [4].

Gleiches gilt für die Bewertung des Risikos in der Konzeptphase. Zunächst sind die relevanten Faktoren hinsichtlich ihres themenspezifischen Innovationsgrades qualitativ zu bewerten. Der Innovationsgrad beschreibt die Fremdheit gegenüber dem Bestandsgeschäft und damit letztlich das Risiko. Ein mathematisches Modell zur Verknüpfung dieser Einzelfaktoren, das eine analytische Ableitung des Innovationsgrades der Idee ermöglichen würde, ist leider nicht bekannt. Allerdings helfen Ex-post-Analysen von New-Business-Projekten, in Analogien zu denken und somit kritische Ausprägungen einzelner Faktoren und insbesondere kritische Kombinationen von Ausprägungen zu erkennen.

Der Ansatz der *Fuzzy Evaluation* versucht den Spagat zwischen Datenverfügbarkeit und -belastbarkeit einerseits sowie der Relevanz und Tragweite des Themas andererseits. An dieser Stelle darf nicht unterschlagen werden, dass gerade in technologieorientierten Unternehmen solche teilweise schwer fassbaren und häufig nur qualitativen Einschätzungen eine nicht zu unterschätzende Herausforderung für die Beteiligten darstellen. Wenn aber die entsprechende Offenheit und Bereitschaft zu einem kulturellen Wandel vorliegen, bietet dieser Ansatz eine Möglichkeit, schnell zu Ergebnissen und einer gemeinsamen Einschätzung zu gelangen.

Die nachstehenden Rückmeldungen zweier Teilnehmer an einem New-Business-Projekt unterstreichen dies: »In no time at all, a lot of information was gathered, not only about the technology but also about the market and competition. Although the fuzziness of the data basis took a little getting used to, it produced a comprehensive basis for decision making.«

Und der andere: »At each meeting, I had the feeling of being closer to this very new and complex issue. This was highly motivating for me.«

Die Ausarbeitungsphase *(Wie geht das am besten?)* endet letztlich mit dem Vorschlag der Umsetzungsstrategie und dem Businessplan. Die Geschäftsidee und der Kontext sind konkretisiert und die Datenlage ist belastbar, sodass die bekannten Methoden der Strategieentwicklung und -bewertung zum Einsatz kommen können.

Literatur

[1]   *Pressemitteilung der TRUMPF Gruppe zum vorläufigen Geschäftsergebnis für das Geschäftsjahr 2013/2014, online unter http://www.trumpf.com/nc/de/presse/pressemitteilungen/pressemitteilung/rec-uid/268351.html*

[2]   KOERBER, C. et al.: *Innovation in the Interplay of Organization and Culture – The TRUMPF Story.* In: Gerybadze, A. et al. (Hrsg.): *Innovation and International Corporate Growth*, Springer Verlag, 2010, S. 94

[3]   *http://de.wikipedia.org/wiki/Laser und http://de.wikipedia.org/wiki/Laserresonator#Laserresonator (Abruf der Seite vom 02.06.2014)*

[4]   KIM, W. C.; MAUBORGNE, R.: *Blue Ocean Strategy – From Theory to Practice.* In: California Management Review, Vol. 47, No. 3, 2005

Zusammenfassung

Das Geschäftsmodell von TRUMPF basiert auf der Umsetzung eines technologischen und organisatorischen Führungsanspruches. Das gruppenweit agierende New Business Development soll zur nachhaltigen Unternehmensentwicklung beitragen. Es bildet die Schnittstelle zwischen Management- und Umsetzungsprozessen.

Der Innovationsresonator veranschaulicht das Konzept des Innovationsmanagements in Analogie zu einem Laserresonator. Mittels eines Ideenmanagements werden Ideen zu Technologien, Produkten oder Geschäftsmodellen generiert, ausgearbeitet, validiert sowie zur Entscheidung gebracht. Ideenmanager und New Business Development sind gruppenweit vernetzt. Dies stellt sicher, dass die Ideen zielführend, machbar und für TRUMPF neu sind. Ihre weitere Ausarbeitung erfolgt in Abhängigkeit vom Innovationsgrad durch das New Business Development oder durch den Fachbereich, wobei das New Business Development Unterstützung anbietet.

Der Unterschied zwischen New-Business-Themen und denen des Corporate Development liegt im Innovationsgrad. Prinzipiell können alle Faktoren eines Geschäftsmodells variieren. Neben analytischen treten somit auch konzeptionelle Fragestellungen auf. Die Aufgabe wird komplexer, der wirtschaftliche Hebelarm größer und die Datenqualität sinkt. Dies schlägt sich nicht nur in den Methoden und Instrumenten nieder, sondern erfordert die Bereitschaft, mit unscharfen Fuzzy-Daten zu operieren.

Neue Geschäftsmodelle durch intermodale Verkehrssysteme

In einer zunehmend urbanen Welt werden immer weniger Fahrzeuge verkauft, dafür stehen Mobilitätskonzepte und damit einhergehende Innovationen im Vordergrund. Wie sich insbesondere Automobilhersteller auf diese Entwicklung einstellen können, beschreibt der Beitrag am Beispiel von CITROËN Multicity Carsharing.

In diesem Beitrag erfahren Sie:
- warum innovative Mobilitätskonzepte zum Erfolgsfaktor für Automobilhersteller werden,
- wie sich die Nutzung von Privatfahrzeugen und Flotten in ein Carsharing wandelt.
- inwiefern sich verschiedene Mobilitätsmodule kannibalisieren werden.

ALEXANDER SCHILFF

Urbane Mobilitätsmuster in Korrelation zur Automobilindustrie

Generell teilen sich immer mehr Menschen mit anderen ein Fahrzeug. Anfang 2014 gab es in Deutschland 750.000 registrierte Kunden bei 150 Carsharing-Anbietern, ein Wachstum von über 30 Prozent zum Vorjahr. Eine weltweite Prognose von Frost & Sullivan [1] sagt bis 2020 über 15 Millionen Nutzer voraus. Als Treiber dieser Entwicklungen sind Unternehmen im Bereich des stationsunabhängigen Carsharing (Free Floating) hervorzuheben, die sich aus der Automobilindustrie als juristische Person oder als Teil der Marke etabliert haben.

Der Wandel der Zeit geht also nicht spurlos vorbei an des »Deutschen liebstem Kind«: dem Auto. Experten haben bereits wiederholt darauf hingewiesen, dass in Zukunft nicht mehr Personenkraftwagen verkauft werden, sondern Mobilität und damit einhergehende Inno-

223

vationen (verknüpft mit entsprechenden Emotionen). Es geht um günstige, aber im Vergleich zum eigenen Auto gleichwertige, überall verfügbare Mobilität, die bald zum Standard werden soll. Eine ganze Reihe von Fragen tut sich dabei auf: Wie lassen sich Standard und Verfügbarkeit in diesem Kontext definieren? Wer sind die heutigen Nutzer von Mobilität und wodurch wird Mobilität heutzutage und künftig definiert? Ist Mobilität gleich Besitz oder gar Eigentum? Und vor allem: Wie muss sich die Automobilindustrie umstellen – oder ergeben sich im Rahmen dieser Entwicklungen sogar neue Chancen?

CITROËN Multicity Carsharing

Gerade die letzte Frage beantwortete CITROËN mit einer zukunftsweisenden Geschäftsmodellinnovation: Dazu hat das Unternehmen im Jahr 2012 ein einzigartiges Mobilitätsmodell entwickelt: das CITROËN Multicity Carsharing. Entscheidend war hier nicht so sehr das Modell des Carsharing an sich, als vielmehr die besondere Antriebstechnologie, auf die bei den eingesetzten Fahrzeugen zurückgegriffen wurde: Sie besteht aus rein regenerativer Elektromobilität und ist damit ein erster wichtiger Schritt zu einer umweltfreundlichen Fortbewegung. Ferner zeigt sich darin auch CITROËNS Beitrag zur politischen Zielsetzung der Bundesregierung, dass bis zum Jahre 2020 1.000.000 Elektrofahrzeuge auf deutschen Straßen fahren sollen und Deutschland zum Leitanbieter und Leitmarkt für Elektromobilität werden soll.

CITROËN Multicity Carsharing umfasst 350 rein elektrische Fahrzeuge des Typs C-ZERO und wird auf einer Fläche von 110 Quadratkilometern in Berlin betrieben. Es handelt sich dabei um ein sogenanntes *Free-Floating-System,* das eine stationsunabhängige und sofort nutzbare Mobilität ermöglicht. Da allerdings die vorhandene Ladeinfrastruktur in Berlin nicht ausreichte, um die Fahrzeuge schnell mit Energie zu versorgen, wurden im Rahmen dieses Projektes mit verschiedenen Partnern drei Schnellladesäulen für die Disposition gebaut, an denen zunächst das Dispositionsteam und die Kunden, seit Anfang

2014 aber auch alle anderen (Nicht-Kunden) hier laden können. Insofern wurden hier neben den klassischen Privatnutzerbedürfnissen auch die Anforderungen von Geschäftskunden beantwortet.

Darüber hinaus zeichnet sich das Geschäftsmodell durch eine elegante Vermarktung der eingesetzten Fahrzeuge aus, die auf sichtbare Werbebotschaften zur Verkaufsförderung, etwa in Form eines auf den jeweiligen Interessenten/Kunden zugeschnittenen Programmes, verzichtet.

CITROËN Multicity Carsharing überzeugt heute – nach zwei Jahren des bestehenden Systems – mit über 9.000 Kunden (davon ein Drittel aus dem B2B-Markt) und mit sehr guten Ergebnissen. Monatlich finden über 16.000 Fahrten statt, die somit auch potenzielle Probefahrten darstellen und einen medialen Mehrwert für CITROËN Deutschland als Automobilhersteller erzeugen. CITROËN rechnet gemäß Planung Mitte 2014 mit über 10.000 Kunden, der zweihunderttausendsten rein elektrischen Fahrt, einer gefahrenen Leistung von einer Million Kilometern und einer dadurch eingesparten CO_2-Belastung von rund 160 Tonnen.

Carsharing bildet somit – auch im Modell von CITROËN – einen wichtigen Teil der vernetzten Mobilität. Dabei kommen für die meisten Menschen folgende Aspekte zum Tragen: Unabhängigkeit, überschaubare Investition, keine Haftung (ausgenommen Selbstbeteiligung bei Schaden durch eigenes Verschulden), keine Versicherungsbeiträge und sonstige Ausgaben wie zum Beispiel Kraftstoff. Im digitalen Zeitalter kommt noch die digitale Vernetzung als weiterer Aspekt hinzu. Nutzer wünschen sich auch hier einfache und ohne hohen Aufwand durchführbare Möglichkeiten der Mobilität. Für den OEM von heute ist dies ein zwar schwerer, aber zugleich interessanter und profitabler Markt mit sehr großen Chancen, gerade auch im Bereich After Sales. Mit einer geeigneten Methode und dem richtigen theoretischen wie auch physischen Fahrzeugmodell lassen sich neben Neuzulassungen und einer größeren Präsenz von Fahrzeugen in der Regel weitere Verkäufe generieren, demnach auch neue Kontaktanbahnungen zu potenziellen Interessenten, die im Rahmen der »normalen« Akquise nicht generiert werden konnten.

Die Zukunft wird in vier Bereichen der Mobilität sichtbar:
⇨ im Eigen- oder Besitztum von Privatfahrzeugen,
⇨ im Flottengeschäft,
⇨ im digitalen Profiling sowie
⇨ in der kurz- bis mittelfristigen Kannibalisierung bestehender Systeme.

Entwicklungen am Privatmarkt

Der Anteil an Privatzulassungen verringert sich seit einigen Jahren massiv. Viele Nutzer verzichten auf ein Zweitfahrzeug, gegebenenfalls auch auf das Erstfahrzeug und nutzen die Möglichkeiten des öffentlichen sowie des halböffentlichen Verkehrswesens. Entscheidend und gefordert ist hier die einfache Koordination dieser Mittel. Die digitalen Möglichkeiten zeigen sich bereits heute in Apps und dem Internet. Durch die schnellen Entwicklungen in diesem Bereich lassen sich solche Anwendungen zur Mobilität inzwischen stabil nutzen und werden von den meisten Anbietern heute schon mitgeliefert, oft in erweiterter Form, etwa mit den Optionen Parkplatzsuche, schnellste Anbindung an ein anderes Transportmittel sowie andere Parameter, nach denen man mithilfe der App suchen kann.

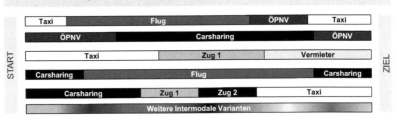

Abb. 1: *Systemnutzung*

Entwicklungen am Flottenmarkt

Die Verteilung von Privat- und Geschäftszulassungen (Mix aus Privat- und Nutzfahrzeugen) liegt heute bereits bei 1 zu 3. Der Flottenmarkt wird ebenso schrumpfen wie der Privatmarkt. Auch große Unternehmen mit mehreren Standorten sehen inzwischen verschiedene Möglichkeiten, ihren Fuhrpark und die damit verbundenen Kosten zu senken und finanzielle Kostenpunkte in Profitcenter zu wandeln. Transportkosten für Taxifahrten sowie für Fahrten zwischen Verwaltungs-, Produktions- und/oder Handelsstandorten desselben Unternehmens sind in der Gesamtkostenrechnung mit allen Nebenkosten enorm hoch. Außerdem fallen Kosten für Parkplätze und Kraftstoff an.

Intelligenter und vor allem effizienter ist es, einen Fuhrpark als Sharing-Markt zu betreiben. Dieser sollte auf einer guten IT-Infrastruktur basieren, die ein spezielles Fahrzeugbuchungssystem abbildet, das Mitarbeiter bei Fahrten innerhalb des Konzerns nutzen können. Dadurch hat die starre Zuteilung von Dienstwagen ein Ende und eine neue, kostengünstigere Form der Mobilität lässt sich realisieren. Bei diesem Modell fährt Person A mit einem Fahrzeug, das z. B. einem Pool von 10 PKW angehört, zu einem anderen Unternehmensstandort und stellt es dort ab. Sofern das Fahrzeug nicht für den ganzen Tag

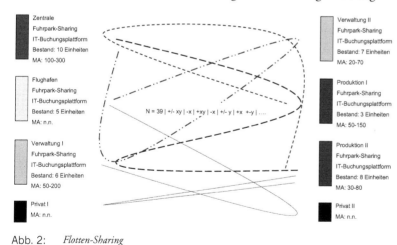

Abb. 2: *Flotten-Sharing*

reserviert ist, steht es nun wieder für Fahrten anderer Kollegen zur Verfügung. Person A wiederum kann für die Rückreise ein anderes Fahrzeug buchen. Insofern handelt es sich bei diesem Modell um eine Art Fahrzeug-Community, die geschäftlich genutzt wird. Des Weiteren besteht für das Unternehmen die Möglichkeit, diese Fahrzeuge außerhalb der Geschäftszeiten privat zu vermieten und somit eine bestmögliche Auslastung sowie eine Re-Investition gegenüber den Flottenbeschaffungskosten bzw. Leasingraten zu generieren.

Digitale Revolution

Eine weitere wichtige Entwicklung findet sich im Bereich des Customer Relationship Managements. Welcher Verbraucher hat wirklich ein Interesse daran, in diversen CRM-Datenbanksystemen zu schlummern, um je nach Parameter in einen Benachrichtigungskreis samt Werbekontaktaufnahme zu fallen? Vielmehr gilt es, eine Welt des Community-Daseins zu schaffen, in der sich wirklich Interessierte auch gegen ein Produkt bzw. gegen eine Leistung äußern können. Dabei ist es zunächst unerheblich, ob es sich um eine Chat-, Foren-, Mail- oder sonstige Gemeinschaft handelt und ob sie anonym oder personalisiert ist.

Wichtig für den OEM ist vielmehr die Schaffung einer intelligenten Austauschplattform und deren Akzeptanz. Denn die neue Art der Akquise und Vermarktung der eigenen Marke, neuer Produkte oder Leistungen wird künftig nicht über mehr die klassische Postwurfsendung erfolgen. Vielmehr birgt Social Media als Massenmedium eine unvorstellbare Reichweite – zu jeder Tages- und Nachtzeit und das ganze Jahr hindurch sind lang-, mittel- und kurzfristige Ankündigungen und Reaktionen möglich und resultierend daraus eine globale, tagesaktuelle Präsenz. Der Zeitraum zwischen einem Ereignis und seiner medialen Veröffentlichung liegt in diesem Bereich nicht mehr bei Tagen oder Wochen, sondern in Minuten und Sekunden. Social Media ermöglicht es, nahezu ohne Zeitverzug Platzierungen zu genieren und Änderungen schnellstmöglich vorzunehmen. Wichtig zur Positionierung für den OEM sind eine klare Botschaft und Struktur in Text, Bild und Ton. Die Benutzerfreundlichkeit steht somit im Vordergrund und dient als Zugang zu neuen oder (noch) nicht erreichten Zielgruppen für die neue Art der Mobilität, aber auch um den Markt von Privat- und Geschäftszweigen zu erreichen und somit einen weiteren Mehrwert zu schaffen.

Neben der Schaffung von Mehrwerten für den Endnutzer ist es ferner wichtig, die durch den OEM zur Verfügung gestellten Technologien zu vernetzen. So bilden sich beispielsweise Bereiche der Kommunikation wie Weblogs, Mikroblogging, soziale Netzwerke, Social-Network-Aggregatoren, Event-Portale, Foren und Instant Messenger. Im Bereich Multimedia finden Foto- und Video-Sharing, Livecasting und Podcasts Verbreitung. Diese verschiedenen Anwendungen und deren intelligente Platzierung in einem entsprechenden Mobilitätsportal [2], das als Community fungiert und somit alle genannten Leistungen abbildet, ist der Schlüssel für Automobilhersteller, das Ziel der neuen Mobilität zu erreichen.

Kannibalisierung von Mobilitätsmodulen

Der Wettbewerb auf dem Markt der Mobilitätslösungen wird zunehmend größer, aggressiver und intransparent für den Nutzer. So stehen immer mehr günstigere und zeitlich attraktive Alternativen zu Verfügung. Mobilität ohne Besitz oder Eigentum wurde bis dato im Vermietungsgeschäft und in einigen wenigen stationsgebundenen Carsharing-Angeboten zur Verfügung gestellt. Im Kern geht es für Unternehmen darum, ihre Kunden und Interessenten zu halten bzw. neu zu gewinnen. Drei Angebote stehen im Rahmen dieser Entwicklung im direkten Wettbewerb miteinander:

⇨ Zum einen das *generelle Sharing* gegen den *Kauf oder das Leasing eines Fahrzeugs:* Gerade bei den jüngeren Nutzern wird es eine drastische Verschiebung vom Kauf hin zur Kurzmiete geben.

⇨ Daneben das *One Way Carsharing* gegen den *klassischen Autovermieter:* Bei beiden Angeboten ist eine Reservierung nötig, jedoch zeigen sich für den Kunden heute höhere Aufwendungen bei einer Mietung über den klassischen Autovermieter. War Letzteres im Rahmen einer vorwiegend nicht-urbanen Nutzung bisher sinnvoller, ist nun eine Verschiebung hin zum Carsharing zu verzeichnen, was sich durch die Erweiterung des One-Way-Modells zu einem *Free Floating System* sowie durch den zunehmenden Ausbau von Städteverbindungen erklären lässt.

⇨ Als letzten Punkt das *Free Floating Carsharing* in Metropolen gegen das dort a*nsässige Taxigeschäft und den ÖPNV:* Beide Angebote sollten aus Sicht des Nutzers eher im Einklang miteinander stehen, als sich gegenseitig die Kunden abzujagen, wenn man einmal von den jeweiligen Service Levels absieht.

Es zeigt sich also insgesamt eine Verschiebung durch neue, alternative Mobilitätsangebote, wobei die digitale Vernetzung zunehmend im Fokus steht und es zu einer kurzzeitigen Kannibalisierung von Mobilitätsangeboten kommt. Den Nutzern von Mobilitätsdienstleistungen stehen alle diese Möglichkeiten mehr oder weniger einfach zur Verfügung und vor dem Hintergrund der gezeigten Entwicklungen nimmt die Kundenorientierung sicherlich eine neue Form an. Geändert hat sich jedoch eines nicht: Der Preis entscheidet, danach die Leistung.

Verkauf B2C
Verkauf/Leasing B2B
After Sales

Wettbewerb
Neue Mobilitätsangebote
Steigende Kundenanforderungen

Nachhaltige Lösungen
– Carsharing
– Parken
– Taxi
– Flugverkehr
– ÖPNV
– Zug
– Langzeitmiete
– Werkstattersatz

Markt- u. kundenorientierte Ausrichtung
Imageförderung
Emotionalisierung
Bewusstsein

Abb. 3: *Mobilitätssteuerung*

Fazit

Das immer höhere Verkehrsaufkommen in Metropolen bringt mehr und mehr Menschen dazu, alternative Mobilitätsangebote aufzusuchen. Konzepte wie Carsharing sind hier eine gute Lösung und stellen damit auch die Grundlage für Geschäftsmodellinnovationen aller Art im Verkehrswesen dar. Ein Drittel der Deutschen kann sich vorstellen, auf das Fahrzeug ganz zu verzichten, dies bringt das Kerngeschäft der Automobilhersteller ins Wanken. Sie müssen sich künftig noch stärker als bisher mit innovativen Arten der Mobilität auseinandersetzen und ihren Kunden entsprechende Lösungen anbieten. Umgekehrt bildet dies die Möglichkeit für den OEM, ein intelligentes Marketinginstrument zu bauen, um Bestandskunden und auch neue Interessenten frühzeitig für die Marke und deren Lösungen zu begeistern und eine emotionale Bindung herzustellen. Insgesamt wird sich der Aufwand lohnen. Herstellern und ihren Vertragspartnern eröffnet sich die Chance, den Anschluss an moderne, intermodale Verkehrssysteme zu nutzen und zu profilieren. Es gilt, in einem abnehmenden Markt mit unterschiedlichen, aber höchsten Performanceansprüchen – auch im After Sales – zu bestehen sowie in einer Nutzerstruktur, die Alternativen zu bewährten Möglichkeiten fordert und vom OEM auch erwartet, besonders in Deutschland. Es ist eine Herausforderung, dem Nutzer Emotionalität und das Empfinden des Eigenen mitzugeben, auch wenn die Lösung in der Logik die gleiche ist, jedoch das Bewegungsmittel ein anderes. So bleibt der Rahmen derselbe, doch die Bedingungen für die Lieferanten von Lösungen werden komplexer und schwieriger, allerdings auch interessanter und chancenreicher.

Quellen

[1] Frost & Sullivan: *2020 Vision of the Global Automotive Industry, published: 29 Jun 2012, http://www.frost.com*

[2] *http://www.multicity.de/*

Zusammenfassung

Im Zuge einer veränderten, zunehmend vernetzten Mobilität werden Carsharing-Konzepte gerade für Automobilhersteller ein aussichtsreiches Feld für innovative Geschäftsmodelle. CITROËN hat dies erkannt und mit dem CITROËN Multicity Carsharing ein zukunftsträchtiges Modell auf den Weg gebracht.

Mobilität heißt für die meisten Nutzer Unabhängigkeit, überschaubare Investition, keine Haftung, keine Versicherungsbeiträge und sonstige Ausgaben wie zum Beispiel für Kraftstoff. Im digitalen Zeitalter kommt noch die digitale Vernetzung als weiterer Aspekt hinzu. Nutzer wünschen sich auch hier einfache und ohne hohen Aufwand durchführbare Möglichkeiten der Mobilität. Für den OEM von heute ist dies ein schwerer, aber auch interessanter und profitabler Markt. Mit einer geeigneten Methode und dem richtigen theoretischen wie auch physischen Fahrzeugmodell lassen sich neben Neuzulassungen und einer größeren Präsenz von Fahrzeugen in der Regel weitere Verkäufe generieren, demnach auch neue Kontaktanbahnungen zu potenziellen Interessenten.

Die Zukunft wird in vier Bereichen der Mobilität deutlich: im Eigen- oder Besitztum von Privatfahrzeugen, im Flottengeschäft, im digitalen Profiling sowie in der kurz- bis mittelfristigen Kannibalisierung bestehender Systeme. Der Beitrag beleuchtet diese Bereiche und zeigt die wesentlichen Entwicklungen auf.

Open Innovation umsetzen
Prozesse, Methoden, Systeme, Kultur

Ist Open Innovation nur eine Modeerscheinung oder steckt mehr dahinter? Viele Beispiele belegen heute, dass dieser Ansatz, wenn er richtig organisiert wird, ein Quantensprung für das Innovationsmanagement bedeuten kann. Die Grundidee: Statt nur interne Kapazitäten zu nutzen, versucht das Unternehmen, über seine Grenzen hinaus gezielt externe Kompetenzen in die Produktentwicklung einzubinden. Und umgekehrt kann es nach neuen Absatzmöglichkeiten suchen, um seine eigenen (ungenutzten) Ideen und Technologien außerhalb seines angestammten Geschäftsbereichs zu verwerten.

Damit Unternehmen Open Innovation praktizieren können, benötigen sie geeignete Prozesse, Methoden und Systeme. Zudem erfordert Open Innovation eine Anpassung der Unternehmenskultur und -kommunikation.

Das Buch geht der Frage nach, wie Open Innovation in der Praxis realisiert und gelebt wird, und stellt dabei neueste Erkenntnisse sowie nützliche Informationen zu dem Thema zur Verfügung.

Dieses Buch behandelt u. a. folgende Themen:
⇨ Potenziale und Einsatzfelder von Open Innovation,
⇨ Risiken und Hindernisse,
⇨ Technology Orchestration,
⇨ Systematische Cross Industry Innovation,
⇨ Prozesssteuerung durch »Inno-Netzwerke«,
⇨ Kultur und Kommunikation im Open-Innovation-Kontext.

Bestellung per Fax: 02 11/8 66 93 23
Leseproben unter:
www.symposion.de

Mehr Buch,
gleicher Preis
buch + digital

Open Innovation umsetzen
Prozesse, Methoden, Systeme,
Kultur
Hrsg.: Serhan Ili
Softcover, 308 Seiten
Hardcover, 434 Seiten,
mit zahlreichen Abbildungen
ISBN 978-3-939707-75-2
Erste Auflage
Symposion Publishing,
Düsseldorf 2010
Preis: 59,– EUR (inkl. MwSt. und
Versandkosten)

NEU: buch + digital

Kostenlos zu diesem
Buch erhalten Sie die
digitale Ausgabe für PC,
MAC, iPad & andere
Geräte. Mit Volltextsuche
und integriertem
Fachlexikon.

symposion